I0399240

www.ingramcontent.com/pod-product-compliance
Lightning Source LLC
Chambersburg PA
CBHW050355120526
44590CB00015B/1703
9781778198267

أقلامٌ صادقة

- الجزء الأول -

Author/Publisher
Khaled Homaidan

Toronto – Canada

Reference # CMC32/22

Phone: 1.647.977.6677 - 1.647.242.0242
E-Mail: cmcmedia@rogers.com

المجموعة الكاملة

(7)

أقلام صادقة - الجزء الأول -

منشورات خالد حميدان
تورنتو - كندا

الطبعة الثانية - 2022

خالد حميدان

أقلامٌ صادقة

Author: Khaled Homaidan - المؤلف: خالد حميدان

Publisher: Khaled Homaidan
khaled.homaidan@gmail.com

Address: 58 Pinecrest St. Markham ON, L6E 1C2
CANADA

Title: المجموعة الكاملة (7) / أقلام صادقة (الجزء الأول)

Language: Arabic

Reference #: CMC32/22

ISBN: 978-1-7781982-6-7

تصميم الغلاف والإخراج للمؤلف
*****
طبعة ثانية منقحة ومضاف إليها
جميع الحقوق محفوظة للمؤلف

All rights reserved © Khaled Homaidan 2022
Phone: 1.647.977.6677 - 1.647.242.0242
E-Mail: khaled.homaidan@gmail

الإهداء

هدية تقدير ومحبة..

إلى أمي.. التي أرضعتني الحبَّ قطراتٍ من حنان..

إلى فادية.. رفيقة عمري على درب الانسان..

إلى حبيبيَّ ديالا وضياء اللذين أعطياني السعادة بتجسيدِهما الحب في الحياة..

وتحية الإجلال والإكبار إلى روح أبي الذي، مهما بعدت بيننا المسافات، يبقى بالنسبة لي أيقونة الحب الأبدي و"الأمل الذي لا يموت"..

خالد حميدان

المقدمـة

ترددت كثيراً قبل أن أعدّ هذا الكتاب وأجمع المواد التي سيتألف منها خاصة أن بعضها قد ورد إما في أحد الكتب التي كنت قد نشرتها سابقاً وإما في إحدى افتتاحيات جريدة "الجالية" التي أصدرها في تورنتو - كنـدا. إلا أن القصد من ورودها هنا إلى جانب المقالات الأخرى الموقعة باسم أصحابها، هو أن تكون ضمن الإطار العام المتجانس الذي اخترته لهذه المجموعة، أي الإطار الوجداني في الرأي والتعبير، حيث تتصدر الكتاب مقطوعات قيمة بأقلام صادقة شرفني أصحابها بتخصيص كلمة أو مقال حول ما جاء في مؤلفاتي السابقة..

ويتضمّن الكتاب بعض الشخصيات التي تناولتها في السابق، في مقالة أو دراسة أو رسالة مباشرة، والبعض الآخر ممن شرفوني بالكتابة عني في مناسبات مختلفة. وكان القاسم المشترك بين هذه المقطوعات، النفحة الوجدانية التي تجلت بين الكلمات ودلت على نبل في الأخلاق وصدق في المشاعر. ومن بين هؤلاء شخصيات دينية وسياسية وأدبية وعلمية وإعلامية معروفة كانت لها بصمات نافرة في الحياة العامة. ومن أجل هذا حمل الكتاب الذي بين أيديكم عنوان.." أقلام صادقة".

"أقلام صادقة".. قد لا تروق التسمية لبعض الناس كما أنها قد لا تروق للبعض الآخر مجرد فكرة الكتاب، خاصة هؤلاء الذين لم يتعودوا على هذا النوع من الأدب الوجداني أو الإنساني، ويرون في مثل هذه المقطوعات الكثير من المبالغة والوصف غير الواقعي كي لا يقولوا تبخيراً أو ممالقة.. وإلى آخر ما يتصوره هؤلاء من معزوفات تخدم حسهم الانتقادي (وليس النقدي بالطبع). والغريب في الأمر أنه تزداد لديهم حدة التوتر والانتقاد عندما يعترضون على

استخدام الصور في الكتاب ويرون في ذلك ذروة في حب الظهور والمباهاة..

لن أذهب بعيداً لمناقشة ما يدور في رأس المنتقدين وإن كان عليّ أن أشير إليه بتعليق سريع لا بد منه:
أولاً: فيما يتعلق بتصميم الغلاف، نادراً ما كان يوضع تصميم لغلاف الكتاب في السابق. وإن حصل، كان يحصر الاهتمام بإسم المؤلف وعنوان الكتاب دون الاهتمام بالتنسيق بين الأحرف والخطوط المستخدمة. أما في فن النشر الحديث، فقد تم الحرص على إظهار كل من هذه الأسماء بوضوح وتمييز بارزين. أضف إلى ذلك الرسم أو التصميم المناسب لمضمون الكتاب. وهنا يكتمل الإخراج بأجمل حلة بتزاوج الكلمة والصورة والألوان المستخدمة.
ثانياً: فيما يتعلق بمضمون الكتاب، فقد كان يعتمد أساساً ولا يزال على النصوص، ولم يكن للصورة أي مكان فيه. أما اليوم ففي الإعلام المقروء، قلما تجد مقالاً أو خبراً أو تحقيقاً أو بحثاً إلا وتضمن بعض الرسوم والصور التي تتلاءم مع النص. فمن الناحية التقنية، الصورة تشدد على المعنى الوارد في النص فتقترب الفكرة من القارىء أكثر فأكثر. ومن الناحية الفنية أو الشكلية، فإن إدراج الصورة الملائمة للمضمون، يضفي على النص شيئاً من الجمال ويخلق لدى القارىء نوعاً من التشوّق والرغبة في طلب المزيد. والأمثلة على ما نقول كثيرة ومتوفرة في جميع المكتبات للراغبين في التحقق والاطلاع.

سألني منذ أيام أحد الأصدقاء قائلاً: هل تعد شيئاً جديداً لإصداره خلال هذا العام؟ فأجبته قائلاً: بالطبع..! لن أدع هذه السنة تمر دون أن أترك فيها بصمة ولو متواضعة. والسبب هو أنني عاهدت نفسي قبل انقضاء السنة، أن أجمع المقطوعات الوجدانية التي كتبتها حول شخصيات تناولتها في وقت من الأوقات، وضمها في كتاب

واحد إلى مقالات ومقطوعات أدبية صدرت حول مؤلفاتي لكتاب أصدقاء أعتز بصداقتهم وصدق مشاعرهم.
فانتفض الصديق على الفور، لوقع المفاجأة (ربما)، وقال بكل "جرأة" وارتجال (كي لا أستخدم كلمة آخرى جارحة): "يعني يمكن القول صراحة أنه كتاب نموذجي في المفاخرة والمباهاة ليس إلا". فأجبته على الفور وقد فاجأني تسرّعه: وهل في هذا ما يعيب علينا سعينا الدؤوب من أجل قول الحقيقة؟ خاصة إذا كانت المادة تظهيراً واعترافاً بالآخر وإبداعاته بدافع التقدير والمحبة..؟
فابتسم دون الإجابة وكأنه يخفي ما لم يقله بشيء من الخبث. وإنني على يقين أن ما يفكر به هذا الصديق ومن يشاركه الرأي، نابع من ضعف المنطق لديه والحكم السطحي على الأشياء. أما أنا فلي وجهة نظر مختلفة.. العيب ليس في إظهار المشاعر الصادقة وإعلانها وإنما في التخفي والتجاهل وإنكار الحق على أصحابه..

وتقضي فلسفة هؤلاء المنتقدين أن نترك للناس أن تتحدث عنا عملاً بالتقليد المتعارف عليه أي "التواضع". والواقع أن التواضع بهذا المنحى، هو التلطي في الخفاء الذي يفقدك كل الفرص في الحياة، وإن دلّ على شيء فعلى قصر في تفكيرك وضعف في شخصيتك.. لذلك لا تتردد في إظهار ما لديك من مواهب ومعرفة، شرط أن تكون واثقاً بما تقول أو تفعل وبعيداً عن الإدعاء، وحدّث عن نفسك أينما حللت، فإن أنت لم تعلم الناس بما تتميّز به وتعلم، أهملك الجميع ولن يحدّث عنك بما فيك أحد..

من هنا كان قراري الجازم في إصدار هذا الكتاب بالمضمون والشكل اللذين تخيلته بهما دون التأثر بما يفترضه الآخرون، مراعاة أو مجاملة، عله يلقى إعجاب "الأصدقاء الأوفياء" وهذا جل ما أسعى إليه في النهاية..

ويهمني لفت النظر هنا إلى أن كتاب "أقلام صادقة" كان قد صدر بجميع مواده في الطبعة الأولى. بينما عملت على توضيبه للطبعة الثانية في كتابين مستقلين (الجزء الأول والجزء الثاني) فاقتضت الإشارة.

"الأبله الحكيم" وميخائيل نعيمة..!

نشرت هذه المقطوعة في مقدمة الطبعة الثانية لكتاب "الأبله الحكيم".

تورنتو - كندا في 2008/6/4

من هو "الأبله الحكيم"..؟

لم تأتِ تسمية كتابي بـ "الأبله الحكيم" من الفراغ أو العدم. بل جاءت وصفاً لحالة يعيشها معظم كتابنا ومبدعينا وعظمائنا في عالمنا العربي، حيث لا نبياً في وطنه، هذا الوطن الذي اعتاد على تكريم أنبيائه والاعتراف بتفوقهم فقط، بعد رحيلهم إلى جوار الله.. وكأني بالأبله الحكيم يمثل كل مبدع في بلادنا لا بل كل نبي من أنبيائنا الذين قاربت أرواحهم الحكمة الالهية حتى صعب على العامة فهمها فأطلقوا عليهم، ظلماً وجهلاً، سهام "البلاهة"..

وهذا التوصيف الفريد لا ينطبق على المفكر والفيلسوف والناقد والشاعر، أديبنا الكبير ميخائيل نعيمة وحسب، وإنما على كل متفوق من بلادنا أياً كان مجاله. ومن المؤسف أن يستمر مثل هذا التخلف بين مواطنينا (تمشياً مع العادات والتقاليد) في عصر شاعت فيه الثقافات والعلوم وقصرت فيه المسافات واتسعت دائرة المعارف من خلال تكنولوجيا لا تعرف المستحيل. ويأتيك بعد كل هذا من يدّعي المعرفة وهو يجهل كبار صانعيها من المحلقين والمبدعين الذين باتت أسماؤهم من البديهيات، وكأني بادعاء هذا القاصر ما يفضح غباءه وجهله لأبسط الأشياء.

لقد عانى صديقنا "ناسك الشخروب" الكثير ممن تناولوه بالنقد والشك والاتهام، فنسبوا إليه أقوالاً لم يتفوه بها أو مواقفَ لم يتخذها لا بل أدخلوه في روايات لم يكن له فيها علم أو دور. ولا يمكن تصنيف مثل هذه الافتراءات إلا في إطار الادعاء وحب الظهور على حساب شهرة الأديب الكبير. ولا يخفى كيف اختار نعيمة أحضان الطبيعة

ملاذاً ليسرح فيها فكره وخياله وكان يقصد منطقة الشخروب في جبل صنين، القريبة من بلدته بسكنتا، حيث كان يجلس للتأمل والكتابة. أما اللجوء إلى الطبيعة، إلى جانب طلبه للراحة وصفاء الذهن، فكان هروباً من الجلجلة الفارغة والألسن المفترية الناقدة التي كانت تتناوله بين الحين والآخر. وكان أبرز هذه الافتراءات ما نسب إليه عن علاقته بجبران خليل جبران إذ ادعى البعض بأنه عمد إلى التجريح بأدب وفكر جبران من باب الأنانية وحب الذات وطمعاً في أن يظهر معتلياً المرتبة الأدبية الأولى دون منازع.

في صيف العام 1972، ميخائيل نعيمه يتوسط خالد حميدان والفنان جوزيف عازار بين صخور "الشخروب" في جبال صنين..

نشير هنا، وليس من باب التوسع في هذا الاشكال الذي تناوله الكثيرون من الكتاب والنقاد ولكن من باب التذكير والتأكيد، إلى أن نعيمة كان الأقرب إلى جبران من كل الذين عاصروه ورافقوه سواءً في العمل الجاليوي في المغترب الأميركي أم في زمالة "الرابطة القلمية" أم على صعيد الصداقة الشخصية. وقد لفظ جبران أنفاسه الأخيرة وهو بين يدي نعيمة الذي لم يفارقه أبداً طوال الأيام التي سبقت وفاته. هذه الرواية وكثير غيرها سمعتها شخصياً على لسان أديبنا الكبير ميخائيل نعيمة الذي كان يرويها بأدق التفاصيل وبشيء من التأثر والتحسر على "النبي" جبران خليل جبران الذي رحل في سن مبكرة. وكان يعلق قائلاً (وقد سمعت هذا التعليق بنفسي في أكثر من جلسة): "أعتقد أنه لو تسنى لجبران أن يعيش أطول لكان أتحفنا بما يحدث الدهشة"..

والمفارقة الساذجة هنا أنه لم يرد في بال الذين ادعوا أو انتقدوا، أن يدرسوا طبيعة العلاقة الأدبية والروحية التي كانت قائمة بين المفكرين العملاقين جبران ونعيمة، حتى ولو تناول أحدهما الآخر بالنقد والتحليل، بل اكتفوا بما تفرز به مخيلتهم من افتراضات واستنتاجات سطحية لينسجوا بها ما يطاله فكرهم القاصر من صور وحكايات.. وبكل بساطة نقول، لو كانت نية نعيمة تتجه إلى التجريح بجبران والانتقاص من مكانته الأدبية لما أصدر كتاباً بعنوان "جبران خليل جبران" عام 1936 ولما أقدم على نقل كتاب "النبي" (وهو أبرز مؤلفات جبران) من الانكليزية إلى العربية، فضلاً عن الإشارة إلى فكره وأدبه في عدد من المقالات المتفرقة التي وردت هنا وهناك.

لم يكن ميخائيل نعيمة الوحيد في مواجهة الافتراءات. كذلك عانى مفكرون كثيرون في بلادنا من تعليقات وانتقادات جاهلة، نذكر منهم: جبران خليل جبران، سعيد تقي الدين، أنطون سعادة، نزار قباني،

عمر أبو ريشة، كمال جنبلاط،، غريغوار حداد واللائحة تطول.. والقاسم المشترك بين هؤلاء كان التفوق، كل في مجاله، والعمل الدؤوب من أجل مجتمع أفضل تسوده المعرفة وقيم الحق والخير والجمال. ولكن المجتمع لم يتفاعل مع فكرهم بالايجابية والتقدير، بل نبذهم وواجههم بالنقد والتشكيك والاتهام. ومن المؤسف ألا يكرم هؤلاء في حياتهم و"ما نفع التكريم بعد الوفاة" على حد تعبير عبد الله قبرصي غداة تكريمه في لندن وكان قد قارب الثمانين من عمره إذ قال: "أليس جميلاً أن أسمع تأبيني أو أقرأه، عوضاً عن تلاوته فوق جثماني، وأنا لا أسمع ولا أقشع..؟"، هذا فضلاً عن أن التكريم يعطي زخماً معنوياً لصاحبه ما يساعده على الانتاج والابداع بينما يعمل الجهل والتجاهل، إذا ما تفاقم، على الشح والاحباط. وفي ذات المجال يقول أنطون سعادة: "إن الشعوب الغبية تفعل برجالها ما تفعله الأطفال بألعابها، تحطمها ثم تبكي طالبة غيرها". هذه هي الحال في بلادنا التي نفاخر بحضارتها وتقدمها في محيطها الجغرافي. وهذه هي حال مفكرينا ومتفوقينا الذين تصح تسمية كل منهم بـ "الأبله الحكيم" ذلك أنهم اتهموا بالانحراف و"البلاهة" في وقت كان فكرهم "الحكيم" سابقاً لعصرهم وربما وقعت الهوة بينهم وبين العامة بسبب هذا الفارق الفكري الكبير.

هذا ما يرمز إليه "الأبله الحكيم" في الشكل. أما في المضمون، يبدو للقارىء وكأن هناك تناقضاً في التسمية. غير أنني قصدت هذه التسمية مع التأكيد على أن لا تناقض فيها على الاطلاق لأنها تعبّر عن واقع الانسان وحقيقته، فالأبله الحكيم هو كل واحد منا، في فعله وانفعاله، في إقدامه وإحجامه، في عزمه ويأسه. وأعتقد جازماً بأن الذات البشرية تحتوي في داخلها على قوتين متصارعتين أبداً هما "البلاهة" و"الحكمة" تكون الغلبة لإحداها في كل فعل يأتيه الانسان على حدة. فاذا ما انتصرت البلاهة على الحكمة يأتي الانسان أفعال

الخطأ التي قد تؤدي إلى الشر. وعلى العكس اذا ما انتصرت الحكمة على البلاهة، فإنه يأتي الأفعال الصائبة التي تؤدي حتماً إلى الخير.. ويتوقف هذا على كيفية تعامل الانسان مع الحدث بالفعل أو ردة الفعل.

إذن الخير والشر هما نتيجة لفعل الانسان فيما يأتيه آنياً في كل فعل على حدة، وليس كما هو شائع على أنهما خياران يلجأ الانسان إلى أحدهما ويلتصق به إلى ما لا نهاية. فالبلاهة التي نعنيها في هذا السياق، تتمثل في عدم تيقظ الانسان إلى ذاته ودوره الانساني وهي تكمن في الذات البشرية كما الحكمة. وتأتي الدعوة التي أطلقها، من خلال هذا الكتاب، لتعميق الحكمة في ذاتنا لتكون منتصرة دائماً على البلاهة فيها.

قصتي مع الأديب الكبير!

أما قصتي مع الأديب الكبير ميخائيل نعيمة، فهي تبدأ منذ عهد الطفولة وعلى مقاعد الدراسة تحديداً يوم كنت أقرأ له المقطوعات الأدبية والشعرية الواردة في كتب القراءة إذ كنت أتمنى لو ألتقيه الأديب والشاعر شخصياً للتعبير له عن تعلقي الشديد بأسلوبه ونهجه الفكري. غير أن رغبتي هذه لم تتحقق إلا بعد الانتهاء من دراستي الجامعية وبداية حياتي العملية وكان قد تسنى لي مطالعة بعض مؤلفاته المنشورة ومنها "سبعون"، "الغربال"، "المراحل"، "البيادر"، "اليوم الأخير"، وخاصة كتاب "مرداد" وفيه الكثير من شخصية نعيمة وفكره الفلسفي. وكانت المرة الأولى التي ألتقيه بها، مصافحاً ومحدثاً ومستمعاً، لدى زيارتي له برفقة صديقيَّ المطرب جوزيف عازار والأديب جوزيف حنا. وكان نعيمة يقيم آنذاك في شقة في بلدة "الزلقا" القريبة من العاصمة بيروت وكانت تقيم معه بصفة دائمة ابنة أخيه "مي" وابنتها "سهى"، عرفنا فيما بعد، أنه كان المقر الشتوي لإقامته بينما كان يقضي معظم أيام الربيع

والصيف في بلدته بسكنتا. تم هذا اللقاء في شتاء العام 1971 وكان قد هيأ له صديقنا الأستاذ جوزيف حنا.

كانت هذه الزيارة فاتحة خير إذ توالت اللقاءات بعدها خلال العامين 1972 و 1973 بين "الزلقا" و"بسكنتا"، ودائماً برفقة الصديقين جوزيف عازار وجوزيف حنا، حتى أصبحت تتم بشكل دوري، مرة كل أسبوع أو أسبوعين على الأكثر، وكانت تدور بيننا شتى أنواع الأحاديث الأدبية والفلسفية وكان يستمتع هو بمناقشاتنا وأسئلتنا وآرائنا كما كنا نستمتع نحن بالسماع إلى آرائه وفلسفته في الكون والحياة التي باتت لديه كالثوابت. وكان يتخلل بعض السهرات الموسيقى والغناء من تقديم الـ "الجوزفين" جوزيف عازار بصوته "الباريتوني" وجوزيف حنا بعزفه الدافىء على العود. وكان نعيمة يغيب في تأملاته وهو يستمع إلى الموسيقى والغناء وكأنه يعوض في هذه الدقائق القليلة عما فاته من استماع واستمتاع طيلة عمره الطويل. وقد شدد أستاذنا الكبير على استمرار مثل هذه اللقاءات لما كان يكنه لنا من محبة ولما كانت مثل هذه الاجتماعات تؤثر وتفعل في نفسه وهو ابن الرابعة والثمانين من العمر (1973) بينما توزعت أعمارنا نحن الثلاثة دون الثلاثين. وفي مرحلة متقدمة كان يعمد إلى دعوة بعض الأنسباء والأصدقاء إلى العشاء كلما قررنا موعداً للسهرة، وكان عدد المدعويين يفوق الأربعين أو الخمسين أحياناً، وكانت هذه فرصة لنا للتعرف إلى معظم أفراد عائلة نعيمة في بسكنتا وفي مقدمتهم ابن أخيه الأستاذ الجامعي والكاتب المعروف الدكتور نديم نعيمة.

****

من اليمين: جوزيف حنا، جوزيف عازار،
ميخائيل نعيمه وخالد حميدان (عام 1971)

وفي صيف العام 1973، ومن باب المبادلة بالمثل بحسب المجاملات اللبنانية أو قل من باب الاعتداد بالنفس أو "حب الظهور" ربما.. أقمت للأديب الكبير حفلة عشاء تكريمية في مطعم "أبيمار" الواقع على طريق سوق الغرب ـ شملان في قضاء عاليه (وكنت أملك هذا المطعم بالشراكة وكنت أنا من اختار اسم "أبيمار" تيمناً بشخصية وهمية أوردها ميخائيل نعيمة في كتابه "مرداد"، من قبل أن أتعرف إليه شخصياً). وقد ضمت السهرة جمعاً من الأقرباء والأصدقاء وعدداً من رجال الأدب والصحافة والفن، أذكر منهم على سبيل المثال الأديب والشاعر جوزيف حنا والمحامي الشاعر عارف الأعور والصحافي مراد الخوري والفنان جوزيف عازار والمطربة سامية كنعان. وقد شارك جميع هؤلاء في إحياء السهرة احتفاءً بالضيف الكبير بعد الكلمة التي ألقيتُها في البداية ترحيباً به ومعرّفاً بكتاب "مرداد" حيث انتقيت اسم "أبيمار": من كلمة للصحافي مراد

الخوري إلى قصيدة للشاعر جوزيف حنا وأخرى للمحامي عارف الأعور، كما شارك كل من جوزيف عازار وسامية كنعان بأحلى الأغاني والمواويل اللبنانية على أنغام فرقة ليالي الأفراح الموسيقية بقيادة الفنان نعيم حميدان. وكان كلما قدم أحدهم مشاركته، خصّ المحتفى به بكلمة تقدير ومحبة مع التعبير عن فرحته بهذه الفرصة النادرة التي أتاحت له اللقاء بالأديب الكبير. وكان نعيمة يرد على التكريم والحفاوة شاكراً بهز الرأس.

ميخائيل نعيمة خلال حفلة التكريم

وفي وقت متقدم من السهرة، اتجه الصديق مراد الخوري إلى حيث كان يجلس نعيمة وتقدم منه هامساً في أذنه: "هل ترغب في كلمة تقولها بالمناسبة؟" مشيراً إلى الميكروفون في يده.. فأجاب على الفور وهو على كرسيه: "كلمة واحدة فقط.. أود أن أشكر جميع الذين تفضلوا بالكلام وأحاطوني بنبل عاطفتهم وأخص بالشكر

صاحب الدعوة الأستاذ خالد حميدان الذي أتاح لنا جميعاً هذا اللقاء الجميل".. ثم أضاف مازحاً: "قد تظنون أنكم أنتم الرابحون لوجودي بينكم اليوم كما أفصح عن ذلك المتكلمون وكثيرون من الحاضرين، والحق أقول لكم، إنني أنا الرابح الوحيد. فإن كان لكم هذه الليلة أن تتعرفوا إلى وجه واحد، فأنا قد تعرفت إلى عشرات الوجوه.. فقولوا لي بربكم من هو الرابح..؟"

جانب آخر من حفلة مطعم "أبيمار" ـ ميخائيل نعيمة وإلى جانبه السيدة سامية عازار فالمطرب جوزيف عازار

المحاولة الأولى..

كانت تلك اللقاءات التي تجمعني ورفاقي بأستاذنا الكبير، المحفز الأكبر للمطالعة والتنقيب في الكتب الأدبية والفلسفية بقصد التمكن من المواضيع التي ستطرح في الجلسات المتتالية، من باب الرغبة في أن أكون مشاركاً في نقاشات الجلسة وليس مستمعاً وحسب. وقد ساعد هذا على فتح شهيتي على الكتابة الأدبية والوجدانية فيما بعد،

فأخذت بكتابة القطعة تلوَ الأخرى كلما سنحت الفرصة حتى أصبحت لدي مجموعة متكاملة تتحدث بمجملها عن المحبة. فالكتابة بالنسبة لي، كانت مظهراً للمعاناة الانسانية وقد جاءت نتيجة لتفاعلات واختبارات على مدى سنوات طويلة وبالتالي لم اختر الأسلوب بل كان حرصي دائماً أن أنقل هذه الخلجات الداخلية إلى صور خارجية معبرة. فالعودة إلى المحبة وما يستتبعها من تطلعات روحانية، تجعلنا نتمسك أكثر فأكثر بالقيم الانسانية التي أخذ الواحد منا يبتعد عنها لتعلقه بالمادة. وحيث لا مكان للمثالية في حياتنا الأرضية، فإن فعل المحبة هو السبيل الوحيد للاقتراب من القيم والمثل العليا ولو كان الاتصال فيها مستحيلاً..

سئلت مراراً في مقابلات تلفزيونية وإذاعية وصحافية (على أثر صدور كتاب "الأبله الحكيم"): في أي موقع إنساني تجد نفسك وأنت تتكلم عن المحبة؟ وكان جوابي في كل مرة واحداً: في موقع كل إنسان يتطلع إلى الأعلى والى الأسمى، في موقع كل مواطن يسعى إلى خلق مجتمع أفضل. وقد أشرتُ إلى هذا الموقع في ندائي إلى أخي الانسان (الوارد في الكتاب) حيث قلت: " تعال نسر معاً على درب المحبة، فالمحبة تلد الأبطال، ونحن نخلق مجتمعنا عندما نخلق أبطالنا.." فالمحبة هي الاطار الأكبر لجميع القيم الأخرى من تسامح وعطاء، وفرح، وأمل وغيرها، وفيها العودة إلى الحقيقة والتأكيد على الإيمان والخلاص الحتمي للانسان من تعاسته على الأرض..

إذن لدى اكتمال المجموعة الوجدانية، وكان هذا في أواخر العام 1973، قررت نشرها في كتاب وفكرت ملياً قبل أن أقرر تسمية الكتاب بـ"الأبله الحكيم" وبالطبع انطلاقاً من المفهوم الذي تعنيه التسمية كما مر معنا آنفاً. وتخيلت وجه "الأبله" (مستوحاً من وجه ميخائيل نعيمة) فرسمت شكله وطلبت من صديقي الرسام الفنان رئبال نصر (الذي أصبح فيما بعد من مشاهير الرسامين اللبنانيين)

أن يكمل لوحات الكتاب بحيث يخصص رسماً لكل مقطوعة يتلاءم مع مضمونها. وفرحت جداً حين اكتملت الصورة وأصبحت مواد الكتاب جاهزة للطبع. وبقي أمر واحد: لمن أوكل تقديم الكتاب وهو باكورة إنتاجي الأدبي..؟ ووقع الاختيار على الصديق الأديب جوزيف حنا. هو الاختيار الموفق دون شك، ذلك أنه إلى جانب الصداقة المتينة التي كانت تربطني بالأستاذ جوزيف ومعرفته الشخصية بي على امتداد عدد من السنوات، كان أديباً وشاعراً ومدرساً للغة العربية. وكان قد سبقني في كتابة الأدب الوجداني كما سبقني في الاستحصال على رسالة إعجاب وتقدير من الأديب ميخائيل نعيمة على مؤلفاته المنشورة حتى تاريخه (عام 1973) وكانت عبارة عن كتب ثلاثة: "إلى تلميذتي" و"موت نبي جبران" و"قبر نبي جبران".

***

وصدر الكتاب في مطلع العام 1974 بتقديم الصديق جوزيف حنا ورسوم الصديق رئبال نصر وبمواكبة إعلامية للصديق مراد الخوري. وكنت قد اتفقت مع شركة للتوزيع تولت تسويق الكتاب مع علمي المسبق ويقيني بأنه لن يكون لهذا الكتاب أي أثر في السوق التجاري لكونه يدخل في مصنفات الكتب الأدبية أو الفلسفية التي لا يقبل عليها الناس عادة. وأن أكثر اهتمام دور النشر والتوزيع محصور بالكتب السياسية والجنسية والروايات البوليسية ومذكرات المشاهير من سياسيين وفنانين، أي تلك التي تدر عليهم أرباحاً طائلة من المبيعات.. وبالطبع كان علي أن أدفع كامل أكلاف الطباعة من جيبي الخاص والتخلي عن نسبة كبيرة من الأرباح (إذا تحققت) لصالح الشركة التي تولت توزيع الكتاب.

هذا ما حصل بالفعل.. أقدمت على هذه التحضيرات كلها ولم أخبر أحداً بالأمر باستثناء جوزيف حنا الذي كان يرافقني إلى المطبعة كل يوم حتى انتهينا من عملية الطباعة. وقد حرّصت هذا الأخير أن يبقي الأمر طيّ الكتمان إلى أن يتم توزيع الكتاب في السوق، وخاصة بالنسبة لأستاذنا الكبير نعيمة ذلك أنني كنت أشعر بالإحراج و"الخوف" كلما خطر ببالي أن ميخائيل نعيمة ـ ذلك الفيلسوف العملاق ـ سيقرأ كتاباتي يوماً ما وأنه دون شك، سيضع الكتاب على مشرحته الفكرية وسينالني منه نقداً وانتقاداً أو ربما استخفافاً بما كتبت.. والفكرة التي لم تفارقني البتة في تلك المرحلة، هي الخوف من الموقف في مواجهة هذا المرجع الفكري الكبير الذي عمّت مؤلفاته العالم أجمع لأهميتها وقد تُرجم البعض منها إلى عدة لغات حيّة. ثم من يكون "خالد حميدان" وماذا يمثل من أدب أو فكر ليفوز باهتمام وتقييم "ميخائيل نعيمة"..؟ صحيح أنه تربطني بالرجل علاقة الصداقة الصافية القائمة على المحبة والاحترام المتبادل (رغم فارق العمر الكبير بيننا)، إلا أنني أعرف جيداً بأن تقييمه لعمل أدبي، أياً كان الكاتب، لن يكون مرتبطاً بتأثير شخصي وبالتالي لن تضيف تلك العلاقة شيئاً على رأيه الموضوعي. والسؤال الذي كان يراودني باستمرار.. ماذا سيكون رأي ميخائيل نعيمة في "الأبله الحكيم"..؟ ففضلت كتمان الأمر عنه والهروب من الأفكار التي كانت تقلقني وتأرّقني.

صدر الكتاب، كما ذكرت آنفاً، في أوائل العام 1974، وأخذ الصحافي الصديق مراد الخوري على عاتقه أمر توزيعه على مختلف وسائل الاعلام، مما جعل الكتاب ينتشر بسرعة. وقلما كان يمر يوم خلال الأشهر الأولى من غير أن يكون فيه خبر أو تعليق أو إشارة إلى الكتاب في الصحافة أو الإذاعة أو التلفزيون (وربما هذا ما أثار فضول القراء فأقدموا على شرائه ونفذ الكتاب من السوق بأقل من ستة أشهر). وإزاء هذا الواقع كان ينتابني شعور بالاعتزاز

حيناً والخوف أحياناً لأن مع الانتشار والشهرة تكبر المسؤولية وتعظم. وقبل مضي شهر على صدور "الأبله الحكيم"، استضافني تلفزيون لبنان (تلة الخياط) في إحدى فقرات برنامج "نادي الفنون" حيث أجرت معي السيدة فادية الشرقاوي حواراً حول مضمون الكتاب كانت باكورة المقابلات الأدبية التي كثرت لاحقاً ليس في التلفزيون وحسب، بل كذلك في الإذاعة والصحف والمجلات. وهنا كانت المفارقة الكبرى حيث اكتشفت السيدة مي نعيمة أمر إصداري للكتاب من خلال مطالعاتها المتواصلة للمجلات ومشاهدتها اليومية للبرامج التلفزيونية. فجاءت إلى عمها تسأله باستغراب عمّ إذا كان على علم بالأمر وهي لم يخطر ببالها إطلاقاً أنه من الممكن أن أصدر كتاباً من غير الرجوع إلى أستاذنا الكبير، فإن لم يكن بقصد الإستشارة "المهنية" وهو المرجع الذي يقصده الكتاب من كل الأقطار، فمن باب المجاملة والاحترام أو الرغبة في الحصول منه على رسالة أو كلمة خاصة أضمنها الكتاب (كما يفعل الكثيرون). لم يصدّق نعيمة ما سمعه على لسان مي وكان رده الفوري: "اتصلي بخالد فوراً وادعِه لزيارتنا واطلبي منه أن يحضر الكتاب معه".

ساعة الصفر!

وأعترف أنني ذهلت لوقع "الصدمة" عندما تلقيت اتصالاً هاتفياً من السيدة مي (وكان هذا مساء يوم الجمعة من أيام الأسبوع) لتقول لي بعد السلام والكلام: "كلفني عمي الاتصال بك وهو راغب بالتحدث إليك، فما رأيك لو تأتي صباح غد؟ فأجبت على الفور دون تفكير: "وهل هناك ما يدعو للعجلة"؟ قالت: "لا.. ولكن قد يكون الغد مناسباً لأنه يوم عطلة".. ثم تابعتْ: هل ننتظرك على "الصبحية"..؟ لم أجب إذ كنت لا أزال تحت تأثير الدهشة والاستغراب من هذا الاتصال الفريد من نوعه وغير المتوقع.. وقبل أن تشدني الأفكار إلى البعيد، أيقظني صوت مي على التلفون وهي تقول: "اتفقنا.. هل

نراك في الغد؟" قلت مضطرباً: "بالطبع إنه شرف كبير!". قالت: إذن نحن بانتظارك! ولا تنسَ أن تحضر معك "الأبله الحكيم". ثم أضافت بشيء من الدعابة الممزوجة بالعتب: "عمي وأنا، بشوق للإطلاع على إنتاجك الأدبي حتى ولو كنا نحن آخر من يعلم.."

كلام بسيط غير أنه يشبه التحدي لما فيه من العتب والتوبيخ والإحراج في آن معاً، أو على الأقل هذا ما شعرت به عند سماع كلامها، رغم التهذيب واللياقة في الدعوة "المبطنة" التي وجهتها إليّ لزيارة عمّها الأستاذ نعيمة. ولا أخفي أنني لم أتمكن من النوم تلك الليلة لما تزاحم في رأسي من أفكار وتساؤلات وافتراضات باعتبار أنني سأخضع في اليوم التالي إلى التحقيق واللوم في مواجهة الأستاذ الكبير. فماذا عساي أقول لأبرر التقصير واللامبالاة.. فليس هناك من حجة أدعيها أو سبب منطقي أختبىء وراءه. ذلك أن التحضير لكتاب، تأليفاً ومراجعة وطباعة، قد يستغرق أسابيع لا بل أشهراً وليس من مجال للإدعاء بالسهو أو النسيان لعدم الإفصاح عنه. وإذ بدأت قشعريرة الارتباك والخوف تهز بي، أيقنت أنني وقعت في "الشرك" المحكم، أسير الهواجس والظنون التي كانت تطاردني منذ البداية وعملت على تجنبها طيلة الأشهر الماضية..

وفي صباح اليوم التالي، حملت نسخة الكتاب التي سأقدمها إلى الاستاذ الكبير واتجهت بسيارتي إلى بلدة "الزلقا" وكل ما فيّ يرتعش لاقتراب موعد الامتحان العسير.. وكنت أقلب بصفحات الكتاب ومراجعة كلمة الإهداء كلما توقفت عند إشارة للمرور للتأكد من أن ما كتبت هو خالٍ من الأخطاء أولاً وأنه يليق بشخصية الأديب العملاق ثانياً. وبالمناسبة كنت متعباً للغاية، ليس لأنني أمضيت ساعات "أنحت" في كلمة "الإهداء" وحسب، بل أيضاً لأنه قد أثقلت رأسي رهبة الموقف والهواجس المتعددة التي أرقت جفني طوال الليل..

دقت ساعة الصفر وأنا في منزل الأستاذ نعيمة وحيداً في قاعة الضيوف بينما كانت السيدة مي في المطبخ تعمل على تحضير القهوة وبعض الحلوى. إنه الخامس عشر من شهر شباط 1974. كنت أسمع في ذلك اليوم دقات قلبي المتوتر بالأذن المجرّدة، كما كنت أشعر بالحرارة ترتفع في رأسي إلى أقصاها والعرق يتصبب على جبيني ـ من شدة الحيرة والارتباك ـ وكأننا في عز الصيف. وما هي إلا دقائق معدودة حتى أطل نعيمة متلمساً السبيل إلى حيث كنت أنتظر في الصالون، تعلو وجهه ابتسامة الترحيب قبل أن يعيّن المكان الذي كنتُ أجلس فيه (وكان قد شح نظره في ذلك الوقت). فنهضت على الفور وأمسكت بيده لمساعدته على الجلوس.. كانت كلمات الترحيب بي في ذلك اليوم مختلفة عن كل المرات السابقة إذ بادر إلى القول: "أهلاً بصاحب الأبله الحكيم.." فابتسمت شاكراً، مترقباً المزيد من المضايقة والاحراج وأنا أنظر إلى الأرض مهابةً وكل ما فيي يرتعش. ثم وقفت على الفور لأقدم له الكتاب في محاولة لكسر الجليد والاعتذار له على فعل لم أرتكبه أو إساءة لم تصدر عني.. قد لا يتطلب الموقف كل هذه المبالغة ولكن أعترف بصدق وصراحة، هذا ما تهيأ لي في هذه اللحظة الدقيقة الحرجة.

تناول نعيمة الكتاب وأخذ يتصفحه بسرعة بينما عدت إلى الجلوس قائلا: "إنها مجرد محاولة متواضعة، أرجو اعتبارها هدية محبة وتقدير وعربون وفاء لدوركم الكبير في تحريضي على الكتابة ونفحي بالجرأة على مخاطبة الناس بلسان "الأبله الحكيم". كما أرجو غض النظر إذا لم يكن ما جاء في الكتاب بالمستوى المطلوب".
فردّ عليّ قائلاً: "لا شك أن في الكتاب ما سيسرّني، ولكن دعني من الحكم عليه الآن إلى أن يسمح لي الوقت بقراءته..!"
كان لوقع كلمات نعيمة عليّ في ذلك اليوم ما يشبه الصاعقة. واعتبرت أن في قوله هذا نوعاً من المجاملة وعدم الاكتراث في آن

معاً إذ ماذا يعني "إلى أن يسمح لي الوقت بقراءته"، قد يكون ليوم أو شهر أو سنة وربما أكثر! من يدري..؟ فشعرت بضيق في صدري ولعنت الظروف التي أوقعتني في هذا الإحراج والتي قد تكون سبباً للانقطاع عن نعيمة وعن الجلسات الأدبية الرائعة التي كنت أستمتع بها وأحرص على استمرارها. ولم يكن لدي من الخيارات، للتخلص من هذه الضائقة النفسية التي سيطرت عليّ لبعض الوقت، سوى التقاط الأنفاس والسيطرة على الأعصاب ما أمكن وانتظار اللحظة المناسبة للانسحاب والعودة إلى بيروت محبطاً متأثراً..

واعترف هنا أن ما أصابني من القلق والاضطراب في ذلك اليوم، كان بسبب شعور بالذنب تولد لديّ عندما طلب الأستاذ نعيمة مني نسخة الكتاب. وبصراحة لم أكن أتوقع منه الاهتمام بما كتبت أو التعليق عليه أو ربما تقييمه خاصة وأن الكتاب كان، كما ذكرت سابقاً، مجرّد محاولة. إلا أن ما جعل الأمر يأخذ ذلك البعد هو الخطأ غير المقصود الذي صدر عني بعدم إطلاعه على رغبتي بالنشر ولو من باب المجاملة، نظراً للعلاقة الأدبية التي تربطني به، وهذا أضعف الإيمان.

وثيقة الشرف..

وفي صباح اليوم التالي، أي يوم الأحد في السادس عشر من شباط 1974، استيقظت على رنين التلفون وكانت الساعة تشير إلى العاشرة. فتناولت السماعة بسرعة لأسمع صوت مي نعيمة على الطرف الآخر تقول: "آسفة للازعاج! هل أنني أتصل باكراً؟" ومن غير أن أتمكن من إخفاء دهشتي لاتصالها غير المتوقع إذ كنت بزيارة عمها في اليوم السابق، قلت: "لا أبداً! الوقت مناسب جداً.. أهلاً بالست مي.." قالت: "لا أريد الإطالة.. ولكن أردت أن أكون صاحبة البشارة لإخبارك بأن عمي قضى في الأمس فترة المساء

بكاملها يكتب لك رسالة تقديرية حول كتابك "الأبله الحكيم"! وإنها جاهزة ويمكنك تسلمها في أي وقت تشاء".. ومن دون وعي قفزت من السرير لأجلس على جنبه وأقول بفرحة لا توصف: "هل يمكنني ذلك اليوم.." فأجابت: "سيكون عمي في انتظارك. اليوم الأحد وليست لدينا ارتباطات محددة". نهضت ورحت أجهز نفسي للخروج بأسرع وقت ممكن وتمكنت من الوصول إلى دارة نعيمة في "الزلقا" قبل الثانية عشر ظهراً..

جلست على مقعد مواجه للمقعد الذي يجلس عليه نعيمة عادةً، كمن يجلس في قاعة المحكمة بانتظار إعلان الحكم عليه. لم أكن وحدي، بل كانت تجلس هناك في الناحية الأخرى السيدة مي وابنتها سهى التي كانت في الخامسة من عمرها (أصبحت سهى كاتبة معروفة فيما بعد). كانت تمر الثواني وأحسبها دهوراً حتى شعرت لكأنه توقف الزمن ورحت في غيبوبة أو أنها انعدمت الأشياء من حولي. ولم أستفق من هذه الحالة إلا على صوت نعيمة داخلاً إلى المكان وفي يده كتاب "الأبله الحكيم". فنظرت إلى ناحيته وهو يقترب من مقعده فلفت انتباهي على الفور وجود قصاصة ورق بين صفحات الكتاب ورحت أترقب ماذا عساه أن يكون ولكنني لم أتلفظ بكلمة. وما كان من نعيمة بعد السلام والمجاملة إلا أن فتح الكتاب على الصفحة حيث وضع الورقة وقال لي: "إقرأ لي هذا المقطع (مشيراً إليه).. أريد أن أسمعه منك شخصياً لأتحقق من إحساسك بما كتبت". وأضاف: "برأيي أن في هذا المقطع الصغير تُختصر فلسفة الكتاب.." وما أن سمعت كلمة الإطراء هذه التي جاءت على لسان نعيمة بكثير من الجدية والوجدانية، حتى تحولتُ بلحظة سحرية إلى إنسان آخر، كالفارس يقفز فوق الحواجز أو ثائر يتحدى المخاطر، فتناولت الكتاب بكثير من الثقة وتنفست الصعداء بعد أن كاد يتوقف قلبي عن الخفقان، وقرأت المقطع الذي عينه نعيمة وهو التالي:

".. أيها العابثون بمشيئة الله، لا تقربوا أوكار الظلام ولا تواكبوا قافلة الضباب إن كنتم تقصدون النور.. واعلموا أنكم تسيرون في نفق من الضلال لن تهتدي فيه قلوبكم بغير ذكر الحق. وإن ذكرتم الحق في أنفسكم فإنكم سترشدون.."

وما أن فرغتُ من قراءة الكلمة الأخيرة، حتى أخذ الأستاذ نعيمة يضرب بيده على حافة المقعد بضربات متتالية تأثراً وإعجاباً بما يسمع ثم نظر إليّ قائلاً: "رائع.. حقاً رائع! سأعترف لك أنني لم أكن أنتظر أن تفاجئني بهذا العمق الصوفي فيما كتبت ولا بهذه الحكمة التي أطلقتها على لسان "الأبله". ويهمني أن أشير هنا إلى أمر هام وهو أن الحكمة هذه قد انتزعتك، من حيث تدري أو لا تدري، من عالم الشباب الذي أنت منه اليوم لترميَ بك في عالم الشيوخ. إنها مسؤولية كبيرة يا خالد والمشوار طويل ولا زلت في أول الطريق. أرجو أن تتنبه إلى هذه الحقيقة.."
لم أصدق ما كانت ترى عيناي أو تسمع أذناي من ثناء وتقدير وتشجيع. وكنت أتساءل بيني وبين نفسي هل حقاً قرأ نعيمة الكتاب البارحة أم أنه تصفحه وقرأ بعض المقاطع منه فوقع نظره على المقطع إياه..؟ كنت أنظر بين الحين والآخر إلى السيدة مي، التي كانت تراقبني والابتسامة لا تفارق شفتيها، كيف أنها كانت توافق على كل ما يقوله عمها من مديح أو تعليق. ولاحظت بكل تأكيد أنها هي الأخرى قد قرأت الكتاب لأنها كانت تتحدث بمضمونه وأبعاده حتى أنها حاورتني بمعنى البلاهة والحكمة في الذات البشرية والنظرة الفلسفية التي أشرتُ إليها من خلال تسمية كتابي بـ"الأبله الحكيم"..

أما الرسالة التي خصّني بها الأديب الكبير ميخائيل نعيمة والتي أعتبرها "وثيقة شرف"، هي من أهم الشهادات التي حصلت عليها في حياتي لأنها صادرة عن أكبر مرجع أدبي وفكري في لبنان والعالم العربي.. وقد شكلت فعلاً هذه الرسالة بالنسبة لي، الحافز الحقيقي للمتابعة والمثابرة على الكتابة.

من ميخائيل نعيمة إلى خالد حميدان

ميخائيل نعيمه
بسكنتا - لبنان

١٥ شباط ١٩٧٤

عزيزي خالد

«استهواني في كتابك «الأبله الحكيم»
نفس شعري أصيل ونزعة باطنية لا تستهويه
الغوص الى الأعماق، ولا تستريح بظواهر الأمور
عن بواطنها، ولذلك فهي تخاطب الناس بمنأى
الجراة: «أيها العابثون بخشية الله، لا تقربوا أوكار
الظلام، ولا تواكبوا قافلة الضباب إن كنتم تقصدون
النور. اعلموا أنكم تسيرون في نفق من الضلال لن
ترشدوا فيه فلا تكتموا بغير ذكر الحق. وإن ذكرتم الحق في
أنفسكم فإنكم سترشدون».

تمنيت لو أنك وضعت «الأبله» في إطار فني
يليق بالحكمة التي تنزلق من لسانه وبالنفثات الشعرية
التي تصعد من وجدانه.
لست أريد أن يفوتني التنويه بحسن ذوق رسام
الذي وضع رسوم الكتاب، وبحسن ذوقك أنت في إخراجه.
مباركة باكورتك والروح التي تمخضت عنها.

المحب
ميخائيل نعيمه

صورة الرسالة الأصلية بخط نعيمة وقد كتبها في ذات اليوم الذي جئت فيه لزيارته، أي في 15 شباط 1974.

ميخائيل نعيمـة
بسكنتا ـ لبنان ـ 15 شباط 1974

عزيزي خالد،

استهواني في كتابك "الأبله الحكيم" نفس شعري أصيل ونزعة باطنية لا تتهيب الغوص إلى الأعماق، ولا تتلهى بظواهر الأشياء عن بواطنها، ولذلك فهي تخاطب الناس بمنتهى الجرأة:
"أيها العابثون بمشيئة الله، لا تقربوا أوكار الظلام، ولا تواكبوا قافلة الضباب إن كنتم تقصدون النور.. واعلموا أنكم تسيرون في نفق من الضلال لن تهتدي فيه قلوبكم بغير ذكر الحق. وإن ذكرتم الحق في أنفسكم فإنكم سترشدون.."
تمنيت لو أنك وضعت "الأبله" في إطار فني يليق بالحكمة التي تنزلق عن لسانه وبالنفثات الشعرية التي تصعد من وجدانه..
لست أريد أن يفوتني التنويه بحسن ذوق رئبال نصر الذي وضع رسوم الكتاب، وبحسن ذوقك أنت في إخراجه.. تباركت باكورتك والروح التي تمخضت عنها.

المخلص
ميخائيل نعيمة

والجدير بالذكر هنا، أن هذه الرسالة التي تحتوي على بضعة أسطر، اضطرت أستاذنا الكبير لأن يصرف ساعات من الوقت لإتمامها ذلك أنه كان مصاباً بداء مستعصٍ (روماتيزم في المفاصل) في ذلك الوقت، إلى جانب ما كان قد ناله من العجز وهو ابن الرابعة والثمانين كما مرّ معنا، فكانت تخونه يده التي يمسك القلم بها ولا

تستقر على الورق حتى يدعّمها باليد الأخرى. فكانت الكتابة تستلزم الوقت الطويل لاتمامها كما كان عليه أن يتحمل ما ينتج عنها من آلام. والواقع أنه كان قد أعفى نفسه من الكتابة في هذه المرحلة من العمر ولم يكن هناك ما يضطره إلى وضع الرسالة هذه سوى الاقتناع بأهميتها بالنسبة لكاتب ناشىء مثلي، خاصة أنه أعجب بالمادة التي قدمتُ..

وكما يلاحظ القارىء، فقد جاء في رسالة نعيمة نوع من التمني "لو أنني وضعت "الأبله" في إطار فني يليق بالحكمة التي تنزلق عن لسانه وبالنفثات الشعرية التي تصعد من وجدانه". وقد كان لي معه حديث طويل حول هذه الملاحظة وعرفت أنه كان يفضّل أن يرى الأبله في إطار "درامي" روائي يتناسب مع التسمية التي أطلقتها عليه. فوعدته أن أجري التعديل في الطبعة الثانية للكتاب وسيكون ذلك في موعد قريب باعتبار أن الطبعة الأولى قد باشرت على النفاذ من السوق بحسب إفادة شركة التوزيع.

وللأسف، تشاء الصدف أن يكون هذا "الموعد القريب" بعيداً إذ لم يتحقق إلا اليوم، وبعد خمسة وثلاثين عاماً على الإصدار الأول..

لماذا تأخر الإصدار الثاني..؟

نفذ الكتاب من الأسواق كما ذكرت في غضون ستة أشهر، أي في صيف 1974، وكنت لا أزال أعرّف به مستخدماً سائر الوسائل الإعلامية المتاحة. وكنت أحاول خلال تلك الفترة الاستفادة من كل الملاحظات التي كانت تردني حوله، من حيث الشكل أو المضمون، بقصد التركيز على نقاط النجاح وتلافي نقاط الضعف عند إصدار الطبعة الثانية.

وكان القرار المبدئي أن أصدر الطبعة الثانية من الكتاب في منتصف العام 1975. إلا أن الحرب الأهلية اللبنانية، التي انطلقت شرارتها الأولى من أحداث 13 نيسان 1975 الدامية ولم تتوقف إلا بتوقيع

اتفاق الطائف عام 1989، حالت دون ذلك. كان عليّ خلال فترة الحرب هذه والتي دامت خمسة عشر عاماً، أن أبدّل بالأولويات كما فعل جميع اللبنانيين المقيمين في لبنان والذين عاشوا ويلات هذه الحرب القذرة. وهكذا أصبح إصدار "الأبله الحكيم" في طبعته الثانية في آخر سلم الأولويات لدي وكان عليّ الاهتمام بأمور حياتية ملحة تضمن الأمن والسلامة لعائلتي.

اجتاحت إسرائيل لبنان في العام 1982 حتى العاصمة بيروت من دون أية مقاومة تذكر باستثناء بعض العثرات التي واجهتها في طريق دخولها إلى المناطق. وكان من سوء حظي أن تدور في بلدة شملان ـ قضاء عاليه ـ حيث كنت مقيماً مع عائلتي، معارك جانبية مع بعض المجموعات الفلسطينية وأخرى من الجيش السوري كانت قد قطعت قيادتها عنها الامدادات. فما كان من القوات الإسرائيلية إلا أن حسمت الأمر باقتحام البلدة عشوائياً مستخدمة سلاح البر والجو والبحر. وكان بنتيجته أن دمّرت بيوتنا وسياراتنا..! ولكننا نجونا مع أولادنا والحمد لله.

وعلى أثر هذا الاجتياح غير المسبوق للبنان ودخول الاسرائيليين إلى كل قرية ومدينة ـ دخول أصحاب البيت ـ دون أن يواجَهوا حتى بالاعتراض، سقطت بنظري كل الإيديولوجيات القومية والشعارات التقدمية والخطابات الثورية، التي ملأت آذاننا وكانت شغلنا الشاغل على امتداد سنوات من الزمن، اعتباراً من ستينات القرن الماضي، أيام الدراسة الجامعية. فأيقنت، في مشاهدة حية للواقع، كم نحن متعلقون بقشور الأمور عن بواطنها وكم نحن بحاجة إلى وقف الانفعال و"تأجيل الثورة" أو ربما إلغائها، والعودة إلى الينابيع الصافية لتفهم واقعنا الاجتماعي الحقيقي والاقلاع عن الادعاءات والشعارات الفارغة..

وفي منتصف العام 1983 غادرت مع عائلتي إلى اليونان حيث أمضينا، في العاصمة أثينا، خمس سنوات نترقب العودة إلى لبنان

في كل يوم، ثم نعود ونعدل عن فكرة العودة بسبب استمرار إقفال مطار بيروت لدواع أمنية. وفي العام 1987، قررنا الانتقال من اليونان إلى كندا حيث كانت الحكومة الكندية قد أقرت برنامجاً خاصاً تمنح بموجبه الاقامة للمهاجرين من اللبنانيين بسبب الحرب الأهلية المفتوحة. حصلنا على الاقامة في كندا وانتقلت إليها مع العائلة تحديداً بتاريخ 1988/6/4. وها نحن قد مضى على وجودنا في كندا عشرون سنة بالتمام والكمال، قضيناها بما يشبه التشرد والتردد لوجودنا في غربة عن الوطن وغربة عن الذات، تتجاذبنا مغريات العيش فيها هنا وحنين إلى الجذور هناك. وفي أجواء القلق هذه، كانت تمر الأيام وأنا في سعي مستمر لتأمين عدد من المطالب الحياتية الملحة من دون أن أبلغ نهاية.. وربما حان الوقت اليوم، بعد خمس وثلاثين سنة على إصدار الطبعة الأولى من "الأبله الحكيم"، لأعود إلى الصفاء الذهني وأتمكن من الوفاء بالالتزام الذي قطعته على نفسي بإصدار الطبعة الثانية مع إجراء التعديل عليها بوضع "الأبله" في الإطار الفني اللائق الذي أراده ميخائيل نعيمة..

إبني الروحي

وفي العودة إلى الاصدار الأول والحصول على رسالة نعيمة المؤرخة في 15 شباط 1974، طرأت فكرة إقامة حفلة عشاء تكريمية من قبل نادي لبنان الجديد ومجلس إنماء قضاء عاليه لمناسبة صدور "الأبله الحكيم" وتولى أمر التحضير لها الصديق مراد الخوري. كنت في ذلك الوقت رئيساً لمجلس إنماء قضاء عاليه بينما كان الاستاذ مراد رئيساً لنادي لبنان الجديد. وتهمني الإشارة هنا إلى أعضاء اللجنة التي تألفت من المؤسستين للتحضير والإشراف على حفلة التكريم وهم السيدات والسادة: مراد الخوري،

منى الأحدب، عدنان العريضي، فاديا حاطوم، جورج أبي اللمع، فاديا حميدان وميشال أبي شاهين.
أقيمت حفلة التكريم بتاريخ 15 آذار 1974 في فندق كارلتون - بيروت، حضرها عدد كبير من رجال السياسة والأدب والفن والصحافة. وكان ضيف الحفلة الأديب ميخائيل نعيمة الذي حرص على ألا يتغيب عن المناسبة.

ويشرفني، في هذا السياق أن أنقل تفاصيل ما جرى لدى دعوة أستاذنا الكبير إلى حفلة التكريم كما رواها الأستاذ مراد الخوري والسيدة منى الأحدب عضوا لجنة التكريم ـ اللذان زارا نعيمة شخصياً، وقدما له دعوة خاصة للحضور.. وقد ورد حرفياً في مقدمة ما كتبه مراد الخوري عن "الأبله الحكيم":
"أكد لنا الأستاذ ميخائيل نعيمة حرصه على حضور حفلة التكريم هذه، بالرغم أنه لا يحضر حفلات من هذا النوع، لما يكن للأديب خالد حميدان من مودة وتقدير. وقد أشار إلى هذا الأمر ونحن في دارته في "الزلقا" حين دعوناه إلى حفلة التكريم إذ قال:
"لا مفر لي من الحضور لأن خالد حميدان يحتل مكانة خاصة في نفسي، فهو بمثابة ابني الروحي لما يطالعنا به من أدب وجداني واعد في باكورته "الأبله الحكيم"..

*****

إنه لشرف كبير أن يخصني نعيمة بهذه "الأبوة الروحية" وهو الذي كان المنارة المشعة لعشاق النور والمنهل الصافي لطالبي المعرفة و"الأب الروحي"، في لبنان وخارجه، لكثيرين من مفكرين ومبدعين لم يلتقيهم..

لجنة الاستقبال في حفلة الكارلتون ويبدو من اليمين: جورج أبي اللمع، خالـد حميـدان، فادية حاطوم، مراد الخوري وفادية حميـدان

اللجنة في استقبال بعض المدعويين

لا يسعني في ختام هذه المقدمة إلا أن أتقدم بالتحية والإكبار من روح أستاذنا الكبير ميخائيل نعيمة لأقدم له "الأبله الحكيم" في الإطار الفني الذي أراده.. أرجو أن أكون قد وفقت في جعله لائقاً وملائماً لما تصوره قبل خمسة وثلاثين عاماً..

عشق نعيمة الحياة لأنه تلمس فيها كل ما صوره الله من حق وخير وجمال.. ويقول عنها: "الحياة لا تموت، المحبة لا تموت، الضمير لا يموت والذات التي هي أنت لا تموت وإن ذابت.. ففي ذوبانها حياتها !". اليوم وبعد مضي عشرين سنة على رحيله، يعود ميخائيل نعيمة إلى الحياة في استذكارنا واستحضارنا له بعد "ذوبانه".. فالعارفون المتفوقون هم كالحياة في ديمومتها، لا يموتون..!!

تورنتو ـ كندا ـ 4-6-2008
خالد حميدان

حكاية الأبلـه..

تقديـم كتاب "الأبله الحكيم"
بقلم الأديب والشاعر: جوزيف حنا

1974/1/12

التقيته الكاتب معرفة منذ أمد أقصر من الفصول امتداداً، فأعجبني نقاوة في روحه، وصفاء في إنسانيته، مما دفعني إلى الوقوف بجانبه، أصغي إلى تمتماته العذراء، وهمساته المغناج.

"خالد حميدان" لم يكن جمّاع ألفاظ جرسها مسكر، أو لمّام أحرف وقعّها مطرب.. وانما اتخذ العبارة وسيلة لنقل الاهتزازات الانفعالية

من الذات البعيدة المدى، فصوّرها فصولاً ربيعية العطاء والجنى فكانت فن معرفة المحبة.
تصفحته الكتاب خاطرة خاطرة، فلم أجد فيه **"للأبله الحكيم[1]"** عبقرية المتفلسف المطاط، ولا عنجهية المتمرد الدجّال، بل شعرت بأنفاس معلّم بتول - كما الابتسامة المستيقظة في وجه طفل - ثائر على الأرقام المدوّنة بريشة مغموسة بألوان متناقضة، وعلى اللجج الهوجاء التي بغطرستها تأكل صخور الشواطئ الآمنة، وعلى الأشجار السوامق البلهاء بلا ثمر..

رأيته يعبر كل مرفأ ناشراً رسالة السلام، ويشعل كل قنديل مضيئاً سراج الأخاء، ويطرد من الأزقة أشباح الملذات مالئاً النور..

وها هوذا يدوّي كما الرعد مخاطباً الإنسان قوله:
"إجعل لنفسك من المحبة زاداً، ومن الايمان ذخراً، وكن مؤمناً ضروعاً، فإن أوصدت بابك بوجه النور قتلتك أشباح الظلمات".
إن أبله **"خالد حميدان"** لم يكن إلا بطل أسطورة مزّقت أوراقها همجية أنواء الأعاصير، فضاعت قسمات الحكمة في أغوار العبوس وباتت حقيقة المصير اللاحقيقة، فاختلط الحق بالباطل، وراح الشوك يدّعي العطر، والحدقة الزجاجية تدّعي الرؤية. فلا عجب إن طارد خفافيش الغبش وطاويط الغلس، فهي طيور بلا أعشاش ولا أهداف..

"كان الأمل لجهالتكم سفينة خلاص ترسو على شاطئ ذاتكم، فاستحللتم رحابتها، وأثقلتم حمولتها، فهوت السفينة ورحتم تنوحون.."

---

[1] الأبله الحكيم: شخصية غريبة تجمع ما بين البلاهة والنباهة. استغلها الكاتب في إبراز آرائه وحكمه، كما فعل نيتشه في "زرادشت" وجبران في "النبي" وميخائيل نعيمة في "مرداد".

"إن الثرثرة ليست لتجعل منهم عظاماً.. والشمس وإن غلفتها أردية الضباب، لن تمسي رماداً، فلا بد للضباب أن يتبدد".

عظمة العطاء لم تكن يوماً ممثلة بعظمة الأسماء، وكذلك العبقرية لم تكن جنيناً في ضمير طفل أو كهل، فهي كما البذرة لدن تصادف أرضها تنمو وتعطي..

لم تولد عبقرية أرسطو من قبل أن يولد أرسطو، ولم تكن ثورة جبران من قبل أن يكون جبران.. وكذلك لم يكن **"الأبله الحكيم"** لو لم يكن **"خالد حميدان"**.

إرادة المصير توجّهها إرادة الواحد الأحد، فكما الشمس لا تسكر، والقمر لا يعربد، والطبيعة لن يوقف عطاءها العويل الكامن في تجاويف خريف الأبدية، هكذا "الأبله" لن يغمض عينيه ظلام الليل، وتقعده وهدات الطريق، وتبلله قطرات الشتاء..

قلت لخالد يوم قرأته الكتاب: اليوم أمطرت سماء الحقيقة غيث أدب، فلا غرابة إن دعوته بأدب الأخلاق.

فكما للقومية أدب، وللسياسة أدب، هكذا للأخلاق أدب..

فأدب الأخلاق عند **"خالد حميدان"** حضارة الروح وتمدّن الشعور، وانعتاق الكبت المترسّب في أعماق الذات.

فحضارة الروح هي إشراق نور الحق واندحار ظلمة الباطل؛ وتمدّن الشعور هو إعلان مبادئ المحبة ومحو شريعة الكره. أما انعتاق الكبت فهو تحرير الحس من عبودية اللامنطق وتتويج الواقعية في مملكة المنطق.

لا مراوغة إن قلت: إن صاحب **"الأبله الحكيم"** يعيد للانسان الحق ما بدّدته أكف الزمن العابثة بروحانية العصور وإنسانية الأجيال.. فأسمعه يتمتم تمتمة كنّارة الأمل بلسان الأبله العاقل:

"في كل يوم، أمل يولد وأمل يموت، وسأظلّ أنتظر اليوم الذي يولد فيه، أمل لا يموت".

خالد حميدان.. الأبله الحكيم..!

بقلم مراد الخوري/ كاتب وصحافي
رئيس مجلس إدارة تعاونية النشر والإعلام/ بيروت ـ لبنان

هذه فقرة من كلمة ألقيت في 15 آذار 1974، أي بعد شهرين على صدور كتاب "الأبله الحكيم"، في حفلة تكريم للمؤلف أقامها مجلس إنماء قضاء عاليه ونادي لبنان الجديد في فندق "كارلتون" ـ بيروت، حضرها عدد كبير من رجال السياسة والأدب والصحافة. وكان ضيف الحفلة الأديب الكبير ميخائيل نعيمة الذي حرص على ألا يتغيب عن المناسبة، رغم أنه، كما يقول، لم يحضر طوال حياته حفلات تكريم من هذا النوع، لما كان يكن للأديب خالد حميدان من مودة وتقدير حتى أنه ذكر أمامنا ونحن في دارته في "الزلقا" حين دعوناه إلى حفلة التكريم ما يلي: "لا مفر لي من الحضور لأن لخالد حميدان مكانة خاصة في نفسي، وهو بمثابة ابني الروحي لما يطالعنا به من أدب وجداني واعد في باكورته "الأبله الحكيم"..

مراد الخوري

خالد حميدان يبني شراع المحبة على غرار سفينة أورفليس

عندما يتفتح الفكر على نور الحقيقة، يشتعل كمصباح في خضم ليلة ظلماء ويجول في دروب لا تعرف نهاية ليعلن، بما يشبه الوثبة الواثقة، عما أدركه من وعي التجربة. وتجربة **خالد حميدان** في الذات البشرية تجربة إنسان قضى عمره يركض وراء شمس لا تغيب حاملاً قنديل ديوجين ليستكشف مخبئات الزمن. وتراه أشبه بحكيم من حكماء اليونان يجمع طلابه لينفح روح المحبة في قلوب حائرة وبريق الأمل في عيون خرساءَ غافلة عن لحظاتها الوجودية.. تجربة خالد، تجربة الشاب "الشيخ" الذي أثقلته الحياة بجميع تفاعلاتها وانفعالاتها، بإحجامها حيناً وعظمة عطائها أحياناً، فكسر قيود الظلمة وجال بالذات البشرية على متن سفينة المحبة، ليس في رحلة عابرة، بل في استكمال لرحلة طويلة تلتحم فيها مع سفينة أورفليس لتكوّن معها قاعدة العالم، قاعدة الأمل..

فهل توصّل خالد، بعد صراعه المستمر وتأملاته وأقواله الحكيمة التي تصب في الأدب الوجداني، أن يجد حلاً لتعاسة الانسان؟ وهل تكفي المحبة لتنقشع السماء ويتبدد السواد الحالك في عمق أعماق البشرية..؟ هذا ما يحاول الاهتداء إليه "الأبله الحكيم" الذي وجّه نداءه إلى كل إنسان، مؤكداً بأنه "لن يعرف الخوف بعد اليوم لأنه لقي نفسه وقد عزم السير على درب الحياة..!!". وفي النهاية، ليس "**الأبله الحكيم**" سوى الأديب **خالد حميدان**..

مرحى بخالد..

قصيدة الصديق الشاعر كمال أبو غانم ألقيت بتاريخ **14** آذار **1974** في فندق كارلتون ـ بيروت، خلال حفلة التكريم.

إلى الأخ الأديب الأستاذ خالد حميدان،
لمناسبة صدور كتابه "الأبله الحكيم"

مَرْحَى بخالدَ إذ يهلُّ
وعلى مرابعِـنا يُطِلُّ

بمحبةٍ للأرضِ حيثُ له هَفا وادٍ وتلُّ

وبهِ، بما أعْطى، سخِياً
قد زَها روضٌ وحقــلُ

مَرْحى بــهِ، بكتابـــهِ
بالخلقِ، بالإيمانِ يعلــوُ

بالحبِّ قـدْ حَطـمَ القيودَ
وجُنـدُه قلــبٌ وعقـــلُ

وبحكمةٍ هشَّ "النبيُ" لها
وفيـــها مِنــهُ ظِــلُّ

قــدْ زَانَها عــزْمُ الشَّباب
كما يزَيِّنُ الزهــرَ طَــلُّ

سَكِراتٌ بأحْرُفِها الحروفُ
وضاعَ نسريْنٌ وفِـــلُّ

❖

في "الأبله الحكيم"

بقلم الإعلامية هدى مرعي

مجلة "صوت الجامعي" 26 كانون الثاني 1974

عبر رحلة قصيرة بين عبارات "الأبله الحكيم" الغنية بالقيم الإنسانية، بالمحبة، بالتضحية، بأعماق فلسفية حكيمة.. أحسست بنفسي فراشة مغناج تداعبها أيدي الحنان والرقة وتحضنها سرائر المحبة..

خالد حميدان الأديب، يشق بقلمه درب المحبة، هذه الدرب المليئة بأشواك الكراهية.. المشتاقة لخطوات جبارة وسواعد جبارة وقلوب لا تهاب..

"الأبله الحكيم" نغم يترنم في أفق الشعر والأدب.. والكاتب شمس تطل على هذا العالم بأشعة دافئة.. جبارة.. ثائرة.. رافضة.. متمردة.. وليست هوجاء بل متأنية، رقيقة تحضن بحنان هذا العالم المشتاق إلى دفء الكلمة وصدقها.. كتاباته تشد ستائر الضباب الرمادية.. تشدها بقوة لتطل من خلفها كحبال الشمس المتساقطة على صفحة البحر من خلال محبة كبرى تتسامى لتعانق الله بخشوع مؤمن وعطاء غير محدود..

قراءة "الأبله الحكيم" تحلو وتتسامى كلما تعمقنا بها.. كلما قرأنا حروفها البارزة وعباراتها الكامنة عبر الكلمات التي تمزق الغشاوة لتبرز الحقائق فتظهر من خلفها نفسية الكاتب الشفافة الصريحة والمتفاعلة مع آلام المجتمع وجراحه..

يمكن القول وأنت تقرأ "الأبله الحكيم" أنه تتراءى لك حوريات رائعة تتمايل لترسم أمامك شريطاً ملوناً يحمل أروع القيم الإنسانية المترفعة..

ولا أراوغ إن قلت إن محاولة خالد حميدان في "الأبله الحكيم" جاءت معبّرة متكاملة لتشدنا إلى متابعة الطريق التي سلكها الكاتب بنفس القوة والعزم..

"الأبله الحكيم": عبقرية العقل المفقود

بقلم شوقي اليوسف حماده/عضو المجمع اللغوي

مجلة "الضحى" - 5 شباط 1974

في مطلع كانون الثاني من سنتنا هذه، خلع الوحي عن رأسه عمامة الإبداع، ونشرها أوراقاً فكانت الصفحات التي جمعت "الأبله الحكيم" في كتاب.

فكتابك يا خالـد، وايم الله، عبارات وآيات وحكمٌ مسددات، ورِقةٌ أخفُ من الكلمات. لذلك كان عليّ أن أؤدي الإنصافَ فيه، وأقرُّ أنك كنت مخلصاً في عملك أتم الإخلاص، أميناً بأوفى الأمانة، دقيقاً كل الدقة، حذراً بغاية الحذر. فجاء نسقاً هادئاً هدوء اليقين مبيناً بيان الحكم، خالصاً خلوص السر، واقعاً من النفس المؤمنة بالأمل السمح..

لم يكن خالـد حميـدان طالب شهرة، ولكنه كان طالب إبداع، وليست تلك كذلك..

خالـد، يا صديق..

كتابك طوى في الدهر مئة وأربع وأربعين صفحة أقامها دليلاً على أن ليس ما يغني عنه، فكأنك وضعته زمناً يمتد في الزمن.. بادِرة من كرمك، حظنا منها أنها حباتٌ من عناقيدِك..

❖

ماجدة عطّار مراد تقدم "الأبله الحكيم" من إذاعة لبنان

بيروت 9 شباط 1974

قدمت الإعلامية الأديبة ماجدة عطار مراد مساء الثلاثاء الماضي في برنامجها القيّم "قرأت لكم"، كتاب "الأبله الحكيم" الذي صدر مؤخراً للأديب خالد حميدان. وقد استهلت البرنامج مع مرافقة موسيقية متجانسة بالكلمة التالية:
وجدانيات هادفة، بوح صادق، أنات صامتة، فرح، حزن، هدير، همس، جنون، حكمة..
كل هذا تجده في كتاب خالد حميدان.. "الأبله الحكيم".

غرسات حب سقاها قلب منفتح، وأنامل رقيقة وقلم دافق.
وقد أراد الكاتب بعنوان كتابه "الأبله الحكيم"، شخصية غريبة تجمع البلاهة والنباهة كما عبّر عنها مقدم الكتاب جوزيف حنا:

"وكان لقائي بالأبله فرحتي الكبرى إذ لقيت نفسي بعد أن تفتت وتناثرت أشلاؤها. فما عاد يعوزني الإيمان، لقد أضيئت شموع الطريق أمامي إلى قلب الإنسان".

" كنت ذرّة من تراب، لا شأن لها، تتناقلها أجنحة الرياح شزراً واستهتاراً. ووقفت أمام الريح بعد أن ثبتُّ أقدامي في الأرض. فلم أعد ذرّة من تراب فأنا بعض هذه الأرض. أنا الأرض الصامدة

بوجه الرياح، لا تسحقها الأقدام ولا تجرفها السيول ولا تفتتها الأعاصير. أنا الأرض الثابتة والمعلنة بعنادها وصمتها، عن وجودها وعطائها.
سأفتش عن الانسان في كل إنسان وسأدعوه إلى مرافقتي على الدرب الطويل.."

وتتابع السيدة ماجدة عطار مراد قراءة مقطوعات من الكتاب إلى آخر البرنامج..

"الأبله الحكيم": حكمة الحقيقة تنتصر فيه على حقيقة الواقع..!

بقلم الصحافية أنطوانيت عازار

جريدة "البيرق" 11 شباط 1974

أن يضحي إنسان في معمعة الغلاء ويصدر كتاباً لمغامرة بحد ذاتها لو لم يكن عند هذا الشخص دافع إلى ذلك ..

ولعل الكلمة هي أروع دافع وأصدق إحساس يغمده الإنسان في صدر كل قضية تقف حائلاً في وجه الحقيقة..

ـ الأبله الحكيم ـ بوادر لولادة مجموعة من الحكم والعبر بقالب لا يخلو من الأبعاد الفلسفية التي تنم عن ثورة في الداخل تنتصر فيها الحقيقة على الباطل ويتجسد الواقع والحق في كل قضية طرحها الكتاب على كل كلمة جاءت حكمة ليست مصطنعة وإنما واقعاً لحال من الأحوال..

.. و"الأبله الحكيم"، كتاب المحامي خالد حميدان الذي صدر في شباط الجاري، يتضمن دعوة إلى المحبة.. ودعوة إلى الأمل.. كل الآمال تموت. أما المؤلف فيقف على عتبة هذا الكتاب بانتظار "الأمل الذي لا يموت".. ففي الكتاب بنيان شاهق من التأملات الحياتية التي كلما وقفنا حيالها متعمقين في مداركها كلما أسدل أمامنا الستار ليحجب عنا المضمون الحقيقي للكلمة.

والكتاب هو عبارة عن قصة وحوار تدور وقائعها بين الأبله المتنسك الذي كفر بالدنيا والناس وانزوى في غابة تستكين فيها نفسه، وبين المؤلف الذي تخيل الأبله في رؤياه ومضى إليه يتحدث..

وأما المقدمة التي جاء بها، تنسجم فيها اللمحة الوصفية التي شاءها خالد حميدان أن تكون فاتحة لهذا الكتاب حيث بدأت الثورة تحيك خيوطها عندما وقف كالغريب في عالم الأبله يكتشف أسرار الصمت البعيد البعيد.. ويستفيض خالد حميدان في المقدمة بوصف ما حمل على لسان الأبله من حكم عاد بها حيث في ضياع الأبله وجد وجوده.. ومن خموله عاد بالثورة واستمد من ضعفه قوة..إلى ما هنالك كما يقول في مستهل الموضوع.

ومن يتصفح الكتاب يخاله لأول وهلة نسخة عن "نبي" جبران أو "مرداد" ميخائيل نعيمة.. لكنه في الغالب حكمة جديدة تولد على لسان "الأبله" لتنتشر على الناس بقالب جديد وأبعاد جديدة أرادها المؤلف أن تكون فكانت.. وليس كل ما يصدر إلى الناس من حكم وعبر يجب أن يقال إنها منقولة عمن سبق في هذا المجال لأن في كل يوم تولد حكمة لدى الأنسان يسمع دويها في كل الأرجاء، وقد تنقضي وتموت دون بلوغ المرام أحياناً..

أما "أبله" خالد حميدان، فقد عرف كيف يجمع تلك الحكم ويحفظها وكيف يبعثها للآخرين بقالب جذاب يغلفه الوعظ والإرشاد أحياناً كثيرة.. وفي الختام نقول: إن بساطة التعبير على سهولة الأسلوب وعمقه، ولدت جمالية الرؤيا الفكرية التي ميّزت الكتاب والمؤلف على حد سواء..

خالـد حميـدان و"الأبله الحكيم"

بقلم الأستاذ شفيق يحي/ مفتش تربوي

مجلة "صوت الجامعي" - 16 شباط 1974

ما أن أطل عليّ كتاب "الأبله الحكيم" لمؤلفه الأديب خالد حميدان حتى غرقت في قراءته أتلمس فيه نفسية الكاتب الخلوق، الطيب، المشرق النفس والفكر.

قرأت الكتاب من ألفه إلى يائه، من مقدمة جوزيف حنا التي تتصدر الكتاب وتزود القارىء بمصباح يكشف معانيه وأبعاد الكاتب الذي "اتخذ العبارة وسيلة لنقل الإهتزازات الانفعالية في الذات البعيدة المدى، فصورها فصولاً ربيعية العطاء والجنى فكانت فن معرفة المحبة"..

لم أشأ أن أكتفي بنظرة عامة على الكتاب ولا أن ألخص مراميه بكلمة إجمالية، بل عدت إلى كل موضوع فيه أغوص وراء درره وأستكشف فيها روح خالد حميدان وما خالطها من نفحات الأدباء الكبار. كنت في الكتاب كمتنزه في بستان لا يكاد ينتهي من تأمل شجرة حتى تجذبه أخرى، لأن كل واحدة لاقت كفايتها من حسن التشذيب والعناية فأعطت أحسن الثمر..

في كل مقطوعة من الكتاب تستوقفك عبارات كثيرة تحمل الحكمة. ففي الإطلالة الأولى والنداء الأول، يقول خالد حميدان: "أخي أيها الإنسان.. تعال نسر معاً على درب المحبة، فالمحبة تلد الأبطال.." إنه نداء جديد عبر النداءات الكثيرة التي تدعو إلى خلق الأبطال عن طريق المحبة. طريق البعض تخلق أبطالاً مزيفين لأنهم لا يلبون نداء المحبة، بينما يدعو خالد إلى أسلوب آخر إذ يقول: "نحن نخلق مجتمعنا عندما نخلق أبطالنا".. ليتنا نلبي نداءه ونعمم شعاره ونضم صوتنا إلى صوته.

وأنت تنظر إلى مقطوعة "شجرة العطاء"، تشعر بالطمأنينة والأمان وأنت تقرأ: "لا تمنح عطاءك لقريب دون بعيد، وحبيب دون بغيض.. فإذا ما بلغت درب المحبة فأنت قريب لكل عابر وحبيب لكل مسافر".

بحلاوة ثماره في هذه المقطوعة الوجدانية النادرة، يذكرنا الكاتب بأديبنا الكبير جبران ومعنى العطاء الذي شرحه في "النبي". وبإشراقة جبران في روح خالد حميدان، ينادينا الحكيم "الأبله" في ختام "شجرته" حيث يقول: "مد يديك لنبني معاً صرح المحبة. فإذا لم تتضافر سواعد البنائين، اضمحل البناء وتهدم.."

ما أحوجنا إلى تشابك أيدي المحبة وتلاقي السواعد البناءة قبل أن يتهدم بناؤنا ويضمحل مجتمعنا من تنافر الهدامين وتنافسهم عبر طريق البغضاء.. وكما في "شجرة العطاء" كذلك في كل مقطوعة

من الكتاب، إذ يركز الكاتب على نشر تعاليم المحبة التي تبقى الأداة المثلى لخلق مجتمع أفضل.
وقبل أن نصل إلى نهاية المطاف مع "قنديل المحبة" والمعنى المبتكر للجمال، لا بد أن ندفع الاتهام الذي يوجه إلى المؤلف لتكرار بعض المعاني في بعض من المقطوعات التي تضمنها الكتاب. برأينا، لم يكرر الأديب حميدان إلا لتزكية الفكرة بالفكرة والثمرة بأطيب منها.
إنه نوع من التركيز غير المباشر وإتاحة الفرصة للمتنزه في البستان كي يتلذذ بالثمرة اليانعة أكثر من مرة ليرسخ طعمها ويتوطد معناها.
"قنديل المحبة" يلقي علينا في نهايته ضوءاً جديداً على معنى الجمال، الجمال الذي شوهوه بطبول المواعظ والنصح، بينما أراده خالد حميدان "في تعزية البائسين، وإعانة المحرومين وهدي الضالين.."

فارفع "قنديل المحبة" يا صديقي القارىء دائماً وكن معي في بستان "الأبله الحكيم" للتلذذ بثماره. ولا تستهن بهذا "الأبله"، فأعظم الحِكَمِ نطق بها "أبله" شكسبير و"أبله" كل أديب..
وفي ختام هذه الكلمة لا بد لي من القول بأن كتاب "الأبله الحكيم" حمل بواكير فكرية جديرة بالاهتمام لأديب لن يتأخر في جذبك إلى كتبه العديدة التي سيلدها في سنين قريبة..

❖

مجلة "الخواطر" اللبنانية:
"خالد حميدان،
أديب ليس في جعبته سوى الحكمة والمحبة..

23 شباط 1974

في عددها الصادر في 23 شباط 1974، كتبت مجلة الخواطر: صدر مؤخراً كتاب "الأبله الحكيم" تأليف الأستاذ خالد حميدان وهو يتضمن مجموعة نثرية مختارة يعالج فيها المؤلف الواقع الاجتماعي في خلجات وجدانية، على لسان "الأبله الحكيم". فلنسمعه ماذا يقول في مقطوعة "شجرة العطاء":

"إنك أشبه بغصن ينمو
في عالم شجرة معطاء..
فإن أزهر وأثمر استحق كل عناية
وكان ورقاً بهياً.
وإلا لقي حتفه ذبولاً ويباساً
وكانت فأس الحطاب له بالمرصاد.."

وفي مقطوعة "قنديل المحبة" يقول:

"لماذا تعيرني بالجبن والتخاذل
إذا ما فتحت قلبي لأعداء الأمس
وصفحت..
وهل يملك قوة الصفح غير الأحرار.."

وعلى هذا النحو يتابع الكاتب مجموعته النثرية التي هي أشبه ما تكون بثورة من أجل اتساع رقعة المحبة، ومن أجل التفاهم والتعاون والتسامح بين البشر..

.. والأديب خالد حميدان هو أشبه ما يكون بحكيم من حكماء القرون الغابرة، سائراً بين الناس داعياً مبشراً وليس في جعبته سوى الحكمة والمحبة..

رحلة مع "الأبله الحكيم"

بقلم الإعلامية تيريز عسّاف

جريدة "عاليه" 6 نيسان 1974

من القلب للقلب حديثه، حديث محبة وأحاسيس مشاعر..
من الذات للذات كلماتها، سكب عاطفة وشعور فؤاد..
وأنت تقرأ "الأبله الحكيم" لمؤلفه خالد حميدان، تشعر أنك في عالم مثالي من القيم والأخلاق والروحانيات..
فشكراً لك يا إلهي لأنه ما زال هناك من يدعو للمحبة والخير والصدق والوفاء.. وشكراً لخالد حميدان الكاتب الإنسان.. الإنسان المحب والمعطاء، الودود والموجه..
ففي صرخة من الأعماق يقول الكاتب:

"أخي أيها الإنسان..
تعال نسر معاً على درب المحبة
فالمحبة تلد الابطال..
ونحن نخلق أجيالنا عندما نخلق أبطالنا..
كن رفيق سفري على الدرب الطويل
فأنا هناك على جبين كل مسافر
وفي دمعة كل حائر..
فقد لبيت نداء المحبة.. نداء الحياة."

فتعال قارئي العزيز لنسافر معاً عبر كتاب "الأبله الحكيم".. سفرة ممتعة حقاً إلى عالم وجوده سيل محبة ومشعل فضيلة وإنسانه واقف كسيف قاطع، مشرق كشمس ساطعة، وضاء كنور الحياة، ضميره إيمان، وعلى جبينه المحبة، يدعوك إليها بإلحاح..

"إن لم تكن زرّاع محبة
في حقل الوجود
وغرّاس فضيلة في حديقة الأيام،
فلن تفلت من مخالب الشقاوة
ولن تنجوَ من عواصف الضلال..
فمصيرك
إلى الغروب والزوال.."

ودربنا في "الأبله الحكيم" درب طويل لا اعوجاج فيه ولا التواءات، لا أشباح ولا ظلمات.. حيث تلمح فيه إنساناً محباً خلوقاً معطاء، خرج من غمار اليأس والضياع ليعلن عن ذاته..
"أخي أيها القابع في الظلام..
انفض عنك غبار القلق واليأس
وافتح نافذتك للنور.
مقيت أن يحيا الإنسان في ظلمة نفسه.."

كم هم أغبياء أولئك الذين لا يملكون من الإرادة سوى اسمها. فالإرادة تعني الحرية، تعني تحرير الذات، تعني الطموح والفرح. والفرح وجه آلهة يكمن في النفوس الطيبة الخيرة.
"إن فرحك،
إن لم يكن حصالة عطاء ومحبة،
فهو أشبه بسحابة دخان
سرعان ما تتبدد.."

يدعونا "الأبله الحكيم" دائماً لنسير في ركاب الحياة، ولنشرع صدورنا وقلوبنا لطبيعتها لكي تتفتح أعيننا على الحقيقة الكامنة فيها. ثم ما معنى الحياة دون الأمل. والأمل الذي يبشرنا به خالد حميدان يستحق العبادة وحرق البخور..

"لا تذرفوا الدمع
على الأمل الذي غاب..
ففي كل يوم أمل يولد
وأمل يموت..
وسأظل أنتظر اليوم الذي يولد فيه
أمل لا يموت.."

إلى الأديب خالد حميدان تحية التقدير والإكبار لدعوته الهادرة إلى المحبة. وهنيئاً لنا جميعاً بكتابه "الأبله الحكيم" الذي ينقلنا من عالم غارق في المظاهر الفارغة والمحتويات الجوفاء إلى عالم المثل والأخلاق والروحانيات، ومن عالم قابع في لجج الظلم والظلام، إلى عالم تتراجع فيه الفضيلة وتسود المحبة..

ماذا أقول فيك يا حبيبيَ المسافر..؟

ألقيت هذه الكلمة بتاريخ 1994/10/16 في مأتم المرحوم الوالد توفيق حميدان الذي وافته المنية صباح يوم 12 تشرين الأول 1994 في مدينة بيروت ـ لبنان.

الحمد لله رب العالمين الذي حبانا نعمة العقل لنتلمّس الطريق إليه ونهتدي بنوره.. نسأله تعالى أن يتغمّد فقيدنا الغالي بدفء نوره وواسع رحمته، وللجميع من بعده العمر المديد. ولا حول ولا قوة إلا بالله العليّ العظيم..

أما أنتَ..
فماذا أقول فيك يا حبيبيَ المسافر
وقد اخترت الرحيل إلى حيث النور،
في حقيقته ووحدانيته..

ماذا أقول..
وأنت من ارتقى درب العلاء..
لتكون هناك،
في عبور كل زائر
وفي أنَاة كل صابر..

هل أبكي النور
وأنت بعض ضيائه
أم أبكي السيل
وأنت بعض عطائه..؟
هل أبكي الرياح
وأنت بعض هوائها
أم أبكي الآمال
وأنت بعض ندائها..؟

لا.. لا يا حبيبي لن أستسلم..
سأعلو على الخوف، وسأعلو على البكاء
لأنك أكبر من الخوف
وأكبر من البكاء..

لا زلت أذكر بالأمس عندما قرأت عليك كلماتي من كتاب "الأبله الحكيم" حيث قلتُ:
"لا تذرفوا الدمع على الأمل الذي غاب..
ففي كل يوم أمل يولد
وأمل يموت..
وسأظل أنتظر اليوم الذي يولد فيه
أمل لا يموت.."

لا زلت أذكر كيف انساب على خديك دمع التأثر، وقلت لي يومها: "الموت حقٌ يا ولدي كما الولادة. فالاثنان مظهران مكملان لحقيقة واحدة هي الحياة.. فإن كنا نفرح ونحمد الله عند الولادة، فلِمَ نبكي ونتحرّق عند الموت..؟" وكأني بك أردت أن تقول: البكاء ليس من الإيمان بشيء، بل هو اعتراض على مشيئة الله سبحانه تعالى، والاعتراض كفر في النهاية..

وأخذت عنك الرسالة..
وها أنا اليوم أخضع للامتحان العسير فأقول: وإن كان سينتابني الأسف على غيابك، غير أنني لن أبكيك يا حبيبي تحسراً. فأنا أخاف السقوط، وأخشى لو كفرت أن أتوه عن رسالتك السامية..

فأنت.. أنت الخالدُ يا أبا خالد..!
فقد وجدتُ ضالتي وعرفت أنك الأمل الذي كتبت عنه منذ زمن وقد جاءني بعد طول انتظار..
إنك الأمل الذي لا يموت..!!

وإذ أقف اليوم وقد بقيتْ آثارك شاهدة عليك، لا لأرثيك بل لأحييك ولأنقل إليك تحية كل من عرفك وأحبك، تحية الاجلال والاكبار والتقدير والوفاء..
لا.. لن أرثيك يا حبيبي، وقد انتقلت إلى جوار الخالدين..
والموت، في أية حال، لا يطوي سيرة الأوفياء المؤمنين..

❖

ندوة "مجلس الفكر"
حول كتاب "الجبل تاج النار والنور"

بتاريخ 1995/5/20 وبدعوة من "مجلس الفكر" في مدينة بيروت ـ لبنان، أقيمت ندوة فكرية حول كتاب "الجبل تاج النار والنور" لمؤلفه الكاتب والصحافي مراد الخوري على أثر صدور الكتاب، اشترك فيها كل من نائب عاليه الأستاذ فؤاد السعد، رئيسة المجلس السيدة كلوديا شمعون أبي نادر والأديب خالد حميدان رئيس المركز الاستشاري للإعلام ـ كندا. وفيما يلي نص الكلمة التي ألقيت في المناسبة..

يسرني في مستهل هذه الكلمة أن أنوه بالالتفاتة الكريمة التي خصني بها "مجلس الفكر" الزاهر بدعوتي للاشتراك في ندوة اليوم، وقد جئت من كندا خصيصاً تلبية لهذه الدعوة..

وإنني، وإذ أشكر القيمين على المجلس الكريم، أخص بالشكر والتقدير السيدة كلوديا شمعون أبي نادر ـ رئيسة المجلس ـ التي تسهر على دعم وتشجيع الأعمال الفكرية لكي يبقى "مجلس الفكر" المنبر المدوّي وملتقى الأفكار الحرة المتعالية من أجل بناء لبنان الجديد الذي نطمح إليه جميعاً.

***

وجدانيات عاصفة وبوح من الأعماق..
همسات حب ونفحات من القلب صادقة..
دعوة إلى التعانق والتآلف، إلى النهوض والانماء والبناء..
هكذا تراءى لي الصديق ورفيق الشباب الأستاذ مراد الخوري من بين سطور كتابه، "الجبل تاج النار والنور".

وإن أقرأ ما بين السطور، فلأنني أعي تماماً ما كتب مراد وما لم يكتب وقد خبرت ما تنطوي عليه شخصيته النادرة.. وكأني بكتابه هذا، نداء من ضمير لا يعرف الركوع والاستسلام، بل صرخة مدوية بوجه العبثية والاستهتار..

فمن شغفه وتعلقه في بلدته "عيناب"، ولدت علاقته بالأرض ومن خلال هذه الأرض خاطب كل الوطن.. وطن، أحبه وتغزّل بمفاتنه تغزّل العاشق المتيم بحبيبته.. حلم به وعياً وارتقاءً. وسعى بجهد متواصل ليحول الحلم إلى حقيقة واقعة، حاملاً شموع الأمل لتضيء له الطريق..

وعلى مدى أكثر من ربع قرن، استطاع مراد أن يقهر الملل واليأس، بإيمانه وعناده وصلابة قلمه. وأراه اليوم يتابع السير على ذات الطريق، يراوده ذات الحلم الجميل وقد أيقن وهو على عتبة الخمسين، أن الطريق إلى نهايته يطول ويطول..

مراد الخوري كما عرفته، هو الذي لا يعرف لطموحاته نهاية. فهو لا يقف عند عتبة إلا لينتقل إلى أخرى: في تعدد منشوراته الصحفية، وفي تعدد نشاطاته الاجتماعية، وفي تعدد مواقفه الانسانية.. وهو في كل ما سعى إليه، كان يهدف إلى الأفضل والأسمى. فمن مجلس للانماء في قضاء عاليه إلى تجربة مماثلة في الشوف والمتن، فإلى المجلس الأوسع والأشمل : "مجلس إنماء الجبل".

وفي مطلع السبعينات، ومن خلال تطلعه إلى الجبل ـ الذي أسماه فيما بعد "تاج النار والنور" ـ كانت مغامرة مراد الخوري الأولى في تأسيس مجلس إنماء قضاء عاليه وإصدار مجلة باسم "قضاء عاليه"، هذه النشرة الأسبوعية التي كانت تغطي أخبار القضاء وتعنى بالشرح النظري لسياسة الانماء وتعمل على تظهير كل الأعمال الانمائية التي تفيد المنطقة على مختلف الأصعدة..

ومنذ الخطوة الأولى كان لي شرف المشاركة في مغامرة الأخ والصديق، ذلك أننا التقينا إلى جانب المودة والصداقة، على أكثر من قاسم مشترك في تطلعنا إلى العمل الاجتماعي والانمائي وأدركنا منذ البداية أن النهوض بالمجتمع إلى سوية راقية ليس دوراً تضطلع به الحكومات أو طرحاً يورده برنامج المرشحين للانتخابات، بل هو عمل متواصل صامت يحققه المواطنون، كل في مجاله، تلك هي حقيقة الإنماء.. وإن قيام المبادرة الأهلية في المناطق، لا تتعارض إطلاقاً مع وجود الادارة المحلية، بل تعزز وجودها وتسهل عليها الدور في خدمة المواطنين.

أعترف أمامكم وللمرة الأولى، أنني لم أكن واثق الخطوة فيما عزمنا السير فيه، وخاصة في إصدار الجريدة، ولكن مراد وهو الواثق أبداً فيما يقدم عليه، أصرّ على الاستمرار مهما كلف الثمن.. ونجحت التجربة. وعلني الوحيد الذي يعرف حقيقة ما عاناه مراد الخوري حتى بلغ النجاح. لقد دفع الثمن غالياً إذ تعرض لانتقادات ومضايقات لا تحصى.. همس وغمز وتساؤلات من هنا وهناك..
من يقف وراء مجلس إنماء قضاء عاليه؟
من يمول جريدة "قضاء عاليه"؟
وكأنهم يريدون، في محاولات رخيصة، أن يجهضوا التجربة الرائدة التي أطلقها مراد الخوري بعد أن سخر وقته وماله ليقدم النموذج الرائع في البذل والعطاء..

قال كلمته بجرأة نادرة، خاطب المسؤول..
طرح القضايا والحلول..
وفي قلبه المثقل بالحب والحنين، حمل هم الوطن..
ذنب مراد أنه أحب الأرض التي أعطته النور..

الضغينة لها آباء كثر.. أما المحبة فيتيمة الوالدين وعليها يقع عبء الصراع الطويل..

في زيارة الصديق مراد وزوجته هدى (بيروت - تشرين الثاني 2013)

سنقف إلى جانب مراد الخوري.. وسنواجه هؤلاء المفترين الحاقدين بالمحبة وهي خير سلاح، لأن المحبة لا تنتصر بغير المحبة كما لا يبصر قاتل النور إلا بذلك النور..

فيا أيها الرفيق العزيز ..
إن دعوتك إلى التعلق بتقاليد الماضي وأعرافه للحفاظ على الجبل بتماسكه ومناعته، هي الدعوة ذاتها للحفاظ على كل لبنان في وحدته وسيادته..فاعلم أيها الحبيب، أن لا خوف على الوطن من التفتت والاندثار طالما أن هناك من يطالعنا، أمثالك، بحقنا في الحياة الكريمة ويعلمنا بالقدوة الرائعة..

بالأمس سقط الشهداء، من هنا وهناك، ورووا الأرض بدمائهم الطاهرة. وقد شُيع الجميع، على اختلاف نزعاتهم وانتماءاتهم، على أنهم رحلوا من أجل أن يبقى وينتصر لبنان.. فالويل الويل لنا جميعاً إذا ما استفاقت أرواح هؤلاء الأبطال لتسأل: ماذا حلّ بلبنان بعد رحيلنا..؟

لعل وحدتنا الوطنية هي الرد الحقيقي عل هذا التساؤل لتعطي لاستشهادهم معنى، وفيها تكمن مسيرة لبنان إلى الغد المشرق..
بوركت يدك المعطاءة أيها العزيز..

فإن الشعلة التي أضأتها في الجبل سيعم لهيبها كل لبنان ولن تحجبها أردية الضباب مهما تكثفت..

وهذا التاج الذي يسطع بناره ونوره لن يمسيَ رماداً مهما طال الانتظار، فإننا ولبنان والنصر على موعد..

الوصايا العشـر..

الوصايا العشر هي، من حيث المبدأ، وصايا أب لابنه الواقف على عتبة الحياة. لكنني أردت من خلالها مخاطبة ليس ولدي "ضياء" وحسب، بل كل شباب جيله وجيل شقيقته "ديالا" الذين يعبرون العمر ويكبرون من دون أحلام الطفولة، لما حلّ في لبنان من حروب همجية وجنون فاق كل تصور منذ العام 1975، وقد جعلت من هذه "الوصايا العشر" عنواناً لكتاب صدر لي عام 2013، تسمية الكل باسم الجزء، حيث قلت في كلمة الإهداء:
أهدي هذه "الوصايا" إلى الحبيبين "ضياء وديالا" وكل شباب جيلهما، علها ترسم معالم الطريق وتضيء لهم الآفاق إلى مستقبل كان لنا حلماً لم نبلغه..

خالد حميدان

ديالى وضياء خالد حميدان

وكانت المقطوعة التالية..

25 شباط 1998

في الثالث والعشرين من شهر كانون الثاني المنصرم (1998) بلغ ابني "ضياء" سن الثامنة عشر، وكان أن وصلتنا رسالة من إدارة مدرسته قبل أيام قليلة من بلوغه سن الرشد القانونية يعلموننا فيها عن بعض التغييرات التي ستطرأ بعد هذا التاريخ وأهمها أنه لن يكون لنا الحق بالاطلاع على سير دراسته أو السؤال عن سلوكه وعلاماته، وبالتالي لن يصلنا بعد اليوم البريد المعتاد الذي يتلقاه عادةً أولياء الطلبة من المدرسة.

وكأن إدارة المدرسة أرادت أن تنبّهنا إلى أن العلاقة التي كانت قائمة فيما بيننا وبين ولدنا طوال ثمانية عشر عاماً، قد توقفت عند هذا الحد. ولن يكون لنا حق التدخل أو المراجعة إلا بإذن موقع منه، هذا إذا وافق هو أن يطلعنا على الأمر..

صدمة.. لا شك وأنها صدمة رغم أنها الحقيقة، والحقيقة تصدم في أغلب ظروفها وتفعل فعلها في النفس، ولكنها ترسو في النهاية في أعماقك كجزء لا يتجزأ منك لأنها القدر الذي لا بدّ منه.

وفي الوقت الذي كانت فيه الصدمة تحفر لتجد مكانها في داخلي، كانت تراودني أفكار أخرى.. ماذا عساي أهدي ولدي الوحيد في يوم بلوغه الثامنة عشر، في وقت تتجاذبني فيه صدمات أخرى: الحنين إلى الوطن وأهل الوطن الذي ينهش بهم القلق والتشرذم.. التأرجح بين أنياب التنين في غربة لا تهدأ ولا ترحم، وفي مجتمع لا يصبّح فيه ولا يمسّي إلا "مندوب المبيعات".. تلك وحدها هي القيم الباقية التي تجد لها سعراً في السوق.!

وخطرت الفكرة في أن أهدي "ضياء" بعض الوصايا عله يطالعها ويستوعبها قبل أن ينضج الرفض في رأسه "عملاً بتوجيهات

المدرسة" والمجتمع الذي يعيش فيه. ربما أتغلب وأقضي على الصدمة قبل أن تتغلب هي عليّ.. وكانت هذه الوصايا العشر:

ـ **الوصية الأولى**: إياك يا بني وقول الحقيقة.. فالحقيقة تجرح وتؤذي الكثيرين من حولك. ولا أظنك تسعى إلى إيذاء الآخرين.. بل حاول دائماً أن تطلق المديح والتبجيل وأن تلجأ إلى المساومة والمواربة. ولا بأس إن كان فعلك هذا يسمّى كذباً. "فالكذب ملح الرجال"..

ـ **الوصية الثانية**: إياك والتواضع.. فالتواضع "يفقدك كل الفرص في الحياة"، وإن دلّ على شيء فعلى ضعف في شخصيتك.. لذلك أكثر من الادّعاء والتظاهر وحدّث عن نفسك أينما حللت، فإن أنت لم تُعلم الناس بما تتميّز به وتعلم، أهملك الجميع ولن يحدّث عنك بما فيك أحد..

ـ **الوصية الثالثة**: إياك والصمت وإلا وصفك الناس بالبلاهة لأن "الصمت والبلاهة توأمان". قل أي كلام وأكثر من التبجّح والثرثرة، فقد ترضي نفسك على الأقل إن لم تجد من يستمع إليك ويثني على ما تقول..

ـ **الوصية الرابعة**: لا تحسن إلى الغير أو ترفع ظلماً عن مظلوم، لأن بفعلك هذا ستخلق لدى من أحسنت إليه مركب نقص لن يفارقه مدى العمر وستضطر حتماً إلى تلقي الإساءة والشر منه ولو بعد حين..

ـ **الوصية الخامسة**: لا تقدّم عطاء أو مساعدة إلى ضعيف، لأن في عملك هذا إنقاذاً له من براثن الضعف وفيه يستعيد قوته. وليس من

سبيل لاثبات عودة العافية إليه إلا برميك على الفور متى اشتد ساعده..

- **الوصية السادسة**: لا تصفح عن عدو أساء إليك بل "ردّ الكيل كيلين" وإلا نعتك الناس بالجبن والتخاذل وتخليك عن الكرامة والشهامة..

- **الوصية السابعة**: إياك وأن تظهر المحبة في تعاملك مع الآخرين.. فالمحبة تدل على التخلف والرجعية والرضوخ إلى الأمر الواقع..

- **الوصية الثامنة**: لا تقترب من الطموح، فالطموح يفترس صاحبه ويرمي به في متاهات من الضياع. ولا تطلب العلى بل ارضَ بما أوتيت ولو على مضض.. فالقناعة كما يقولون "كنز لا يفنى"..

- **الوصية التاسعة**: إياك والنجاح، في أي حقل كان، لأنك ستسلط الأضواء عليك فتتفتح الأعين من حولك. ولن تنجو من مخالب حسّادك لأن نجاحك سيحجّمهم ويفضح فشلهم..

- **الوصية العاشرة**: لا تنتصر للحق أبداً أو تطلب الحرية والاستقلال وإلا جرّك ذلك إلى تأييد المقاومة الوطنية في بلادك فيلحق بك العار وتنعت بالإرهابي.. المفاهيم تبدّلت يا بنيّ فالوطن "أكذوبة" وحب الوطن "عار" والمقاومة الوطنية للذود عن حقه وسيادته "إرهاب"..

سيستغرب ولدي لدى قراءته لهذه الوصايا وسيتساءل: ماذا حلّ بأبي؟ هل تبدل أم هي المفاهيم حقاً تبدلت..؟؟

ماذا عساي أن أقول.. أستحلفكم بالله، هل يستطيع أحد إنكار ما في هذه الوصايا من تصوير حي للواقع المتردّي الذي نعيشه كل يوم..

إنه عصر الرضوخ للاضطرابات والمخاوف وما يمليه علينا الأمر الواقع.. همنا أن نعيش اليوم، أما الغد فنتعامل معه في الغد..!

إنه الألم الصارخ الذي حثني على كتابة هذه الوصايا ولكن، طالما أنها المرة الأولى وربما الأخيرة التي سيستمع إليّ فيها ولدي، لن أستسلم للألم وأعطيه الفرصة ليشلّ إرادتي أو يقعدني عمّا يمليه عليّ الواجب الأبوي فاستدرك لأقول:
اعذرني يا ولدي إن أنا استسلمت للواقع المرير وقلت ما لم أرد قوله. إن ألم الواقع يحفر في أعماقي فيرسل بالآهات على لساني لأتفوه بما لست راغباً..

واعلم يا بنيّ:

- إن الحقيقة تتجلى في الصدق وإن الصدق رأس الفضائل..

- إن مرارة التواضع تجني الحلاوة والراحة كما تجني حلاوة الغرور مرارة وشقاء..

- فلا تحجب مساعدة عن ضعيف.. إن لم ينصفك الناس فإن الله يحفظ لك أجراً عظيماً..

وإن بلغت درب العطاء، فأنت حبيب لكل عابر ورفيق لكل مسافر..

- الزمِ الصمت حين تعربد الثرثرة من حولك.. وإنما الصمت ينطق بسلطان..

- لا ترمِ سهام الضغينة بوجه من أساء إليك بل افتح قلبك للصفح.. وإنما الصفح للأحرار.

ـ لا تجعل قلبك ينبض بغير المحبة.. فالمحبة طريق الأبرار إلى السماء..

ـ لا ترضَ بغير الطموح مركبة، ولا يغرنّك غزو السهول.. ففي تسلق الجبال تكمن عظمة الصمود..!

ـ لا تحتفل بهزالة من ينتقد سيرك على درب النجاح.. فكل هزيل ضعيف لا بدّ أن يتعثر على جانب الطريق..

ـ انتصر للحق دائماً واعمل بما يمليه عليك الضمير..

ـ لا تستسلم لغير الموت.. ولا تحنِ الرأس لغير الوطن وأطفال الحجارة.. وإن قالوا في فعلك هذا إرهاباً، فيا مرحباً بالارهاب..!

إن استطعت أن ترسم خطوط البداية يا بنيّ، فاعلم.. أنك أنت من سينتصر في النهاية..

نزار قباني.. عشق الأحزان وانتفض ثورةً..!

1998/09/25

ألقيت هذه الكلمة في مهرجان إحياء ذكرى الشاعر العربي الكبير نزار قباني بعد مرور ثلاثة أشهر على وفاته، بدعوة من مركز التراث العربي في تورنتو، حيث غصت قاعة المحاضرات في البيت الدرزي بأبناء الجاليات العربية الذين حضروا من تورنتو وضواحيها للمشاركة في إحياء ذكرى شاعر ملأ الدنيا وشغل الناس. وقد توالى على الكلام للمناسبة عدد كبير من متذوقي الشعر والأدب وتحول المهرجان إلى تظاهرة أدبية شعبية حاشدة تركت الوقع الحسن والأثر الطيب في نفس كل من كان هناك..

سيداتي سادتي أسعدتم مساءً..
يسعدني أن أرحب بكم مرة ثانية باسم مركز التراث العربي وان أتقدم منكم بالشكر لتلبيتكم دعوتنا إلى هذه الأمسية النادرة التي

أردناها مهرجاناً عربياً حافلاً نحيي فيه معاً آثار ومآثر شاعر عربي كبير، لفه الموت وترك لنا من بعده الذكرى..
كما يسرني أن أتقدم بالشكر والتقدير من جميع الأخوة والأخوات الذين توالوا على الكلام.. ومن المؤسسات العربية التي شاركت في إحياء المهرجان وجعلت منه سهرة مميزة. وكذلك لست أريد أن يفوتني التنويه بدور الصحافة العربية التي تواكب مركز التراث العربي منذ نشأته في العام 1995، وأخص بالشكر جريدتي "المستقبل" و"المرآة" من مونتريال و"المغترب" و"عرب ستار" و"أخبار العرب" الصادرة في تورنتو..

أيها الحفل الكريم،

قبل أيام قليلة، قمت برفقة الدكتور بشير أبو الحسن، وهو عضو مجلس أمناء مركز التراث العربي، بزيارة صديق كنت قد دعوته إلى حضور هذا المهرجان الشعري والأدبي. وكان الحديث بيننا يتمحور حول دور مركز التراث في بلاد الاغتراب والبرنامج الذي أعددناه بالتعاون مع مجلس الأمناء لنعمل على تنفيذه في المستقبل القريب. فأبدى صديقنا إعجابه بالمهمة التي نضطلع بها ولكنه اعتذر رافضاً حضور الاحتفال لإحياء ذكرى الشاعر نزار قباني. فلم أعلق على ما سمعت بالرغم أنني استغربت الأمر كثيراً.. وبعد قليل انسحب الصديق من بيننا مستأذناً ليعود وفي يده ورقة المئة دولار وقال على الفور: "أرجو أن تقبلوا هذا المبلغ المتواضع تبرعاً مني لدعم مركز التراث العربي. أما بشأن الحضور إلى المهرجان، أرجو أن تتفهموا موقفي وتقبلوا اعتذاري.. فأنا بصراحة كعربي يشرفني الانتماء، لا أستسيغ حضور مهرجان تكريمي لمن ملأ الدنيا سخرية وشماتة بالعرب.."، وما زاد في استغرابي أنني عرفت بهذا الرجل الصديق تعلقه بالآداب العربية من شعر ونثر حتى أنه لشدة اطلاعه ومعرفته، يكاد لا يحدّث إلا بالشعر والفلسفة.

ومرة ثانية لازمت الصمت ولم أحاول الاستفسار عما يجول في داخله واكتفيت بالاستئذان منه والخروج من منزله مع التأكيد عليه بالعدول عن هذا الرفض وقبول الدعوة لحضور الاحتفال. لم يعد بشيء بل أجاب: "خير إن شاء الله".

أما اليوم، فاسمحوا لي أيها السيدات والسادة أن أشكر هذا الصديق مرتين: مرة لأنه أوحى إلي بالكلمة التي سأقولها في هذه المناسبة، ومرة ثانية لأنه فاجأني بالعدول عن قراره وجاء ليحضر المهرجان. وعليه فإنني أقدم له أجمل تحية.

فإلى الصديق العزيز السيد "يوسف أبو طرية"، وإلى جميع الأصدقاء أقول:

إن الشعر العربي، كما نعرف جميعاً، يقوم على خصائص ثلاث: الصورة والخيال والموسيقى: الصورة تتجلى في دقة الوصف. والخيال يسبح في فضاء لامتناهٍ، ويجنّح في مبالغات غير محدودة. أما الموسيقى فيرن جرسها في الوقع والأوزان.

والشاعر في خياله المجنح يشبه رسّام الكاريكاتور إلى حدٍ بعيد. فكلاهما يصوران بالمبالغة معتمدين على ابتكار ذاتي وإن كان مشوِّها للصورة في بعض الأحيان، إلا أنه يخدم الوصف ويطفي الجمال على المعنى والمبنى على حدٍ سواء.

أضف إلى ذلك ما توجبه الأوزان الشعرية والقوافي أحياناً في استعمال بديل للكلمات.. وهكذا فإن الخاصة الأساسية للشعر تكمن في القالب التصويري الذي بدوره يعتمد على خيال الشاعر فيصل إلينا إما إخفاقاً وإما إبداعاً..

ومع نزار قباني، فهناك عوامل أخرى جعلت منه شاعراً مبدعاً مميزاً: الجرأة في التعبير والقدرة على التفلت من طوق المألوف للخروج إلى عالم لا جاذبية فيه لمواربة أو حساسية أو مجاملة..

فنزار، عرف كيف يخلع الستائر ليكشف الحقيقة.. كل الحقيقة !

وعرف كيف يمسح الرماد عن العيون ليسمي الأشياء بأسمائها دون دجل وتضليل..
وهل في هذا ما يعيبه ليستحق معاتبة أو مؤاخذة..؟

أيها الصديق الكريم، أيها الأصدقاء الأحباء..
لقد آن لنا أن نستفيق من غفوة طالت دهوراً..
لقد آن لنا أن نعترف بمواقف ومآثر غيرت وجه التاريخ..
يجب أن نعرف ونعترف أننا عندما نتكلم عن نزار قباني.. إنما نتكلم عن ثورة عربية متفجّرة منذ ثلاثين سنة..
فنزار لم يستهتر بالشعب العربي وإنما بالأوصياء عليه والغاصبين لحقوقه..
هو لم يثر على الفلاحين المرتبطين بالأرض والتراب، بل ثار على الاقطاع المعربد والمستغل للفلاحين..
هو لم يحقر العمال الصابرين في مصانعهم، بل حقر رأس المال المتحكم برقاب العمال..
ونزار لم يلعن المقاومة الصامدة بوجه العدوان، بل لعن من يتاجر بدم المقاومين وشرف شهادتهم..
وهو لم يرفض السلام الذي يحفظ الكرامة ويقوم على العدل، بل رفض الذل والانهزام والزحف للاستسلام.. إنه القائد لثورة أطفالنا وأجيالنا، في فلسطين وجنوب لبنان، في العراق وفي الجولان، وفي كل محفل دولي يخاطب حقوق الانسان..
إنه المؤمن بأن الحق القومي لا يمكن إثباته بغير القوة، فيقول:
"يا وطني الحزين.. حولتني بلحظة..
من شاعر يكتب شعر الحب والحنين
إلى شاعر يكتب بالسكين!"

كذلك ارتضى نزار أن يُلصقَ بالارهاب إذا كانت المقاومة لرد العدوان إرهاباً.. فتمرد وقال:

"متهمون نحن بالارهاب
إن نحن دافعنا عن الأرض
وعن كرامة التراب..
إذا تمردنا على اغتصاب الشعب
واغتصابنا..
إذا حمينا آخر النخيل في صحرائنا..
وآخر النجوم في سمائنا،
وآخر الحروف في أسمائنا،
وآخر الحليب في أثداء أمهاتنا..
إن كان هذا ذنبنا ما أروع الارهاب..!"

فنزار قباني هو لسان كل عربي يتطلع إلى التحرر والانعتاق ويطمح إلى الحرية والانتصار..

إنه شكل من أشكال تراثنا العربي الذي ينفض عن ذاته غبار القنوط واليأس ليشق طريقه إلى العالم بكل صدق وجرأة وعفوية..
فاعذرني أيها الصديق إن أنا خالفتك الرأي، فأنا لا أدّعي العروبة وحسب، بل أعشقها حتى الثمالة وأفديها حتى الاستشهاد على غرار ما فعل شهيدنا الشاعر الكبير.. فحرام أن يُرمى نزار ولو بوردة بيضاء.. ذنبه أنه تحسس آلام الوطن وجراحه.. وبدلاً من أن يستسلم ويرتهن للانهزام، عشق الأحزان وانتفض ثورة تعلن عن وجودها وصمودها حتى النصر..

نزار ولد مرتين: مرة يوم أنجبته أمه ومرة ثانية يوم خرج من رحم الأحزان..

يوسف مروه.. الطموح الذي لا يهدأ..!

الدكتور يوسف مروه محاضراً

1998/12/12

منحت بلدية بيكرينغ الصديق الدكتور يوسف مروه جائزة الثقافة والفنون للعام 1998 في حفلة تكريمية جرت خلال شهر تشرين الثاني المنصرم في دار البلدية بحضور مجموعة كبيرة من موظفي الحكومة المحلية ومسؤولي الأحزاب السياسية والجمعيات الثقافية. وقد سلم عمدة بيكرينغ السيد ووين آرثرز الجائزة للدكتور مروه بعد أن عدد مزاياه وقدر فيه الجهد الكبير الذي يبذله في المجالات الثقافية والتاريخية والتراثية منوّهاً بإنجازاته ومؤلفاته من كتب وبحوث

ودراسات وبنشاطاته البارزة من ندوات ومحاضرات وملتقيات فكرية مختلفة.

فمن هو الدكتور مروه وما هي النشاطات والأعمال التي قام ويقوم بها حتى يمنح جائزة الثقافة والفنون..

يحمل د. مروه دكتوراه علوم في فيزياء الإشعاع من جامعة جاكسون، الولايات المتحدة الأميركية (1973). وقد تابع دراسات عالية في مواضيع التطبيقات الصناعية والتقنية المتصلة باختصاصه في عدد من معاهد ومراكز البحوث العلمية في إنكلترا وألمانيا وإيطاليا والنمسا.

أما إنجازاته العلمية فهي متعددة وأبرزها:

- وضع نظرية جديدة في هندسة الأوضاع ـ طوبولوجيا (1955)
- تفسير جديد للجاذبية الكونية على أساس الظاهرة الموجبة (1957)
- وضع نظرية مجال الوحدانية الكونية التماثلية العظمى (1987)
- الحصول على براءة اختراع محرّك لتوليد القوة بواسطة التفاعلات الحرارية بين الأوكسجين والأزوت في الهواء.
- سجلت باسمه مؤسسة هودن ـ كندا مجموعة من الطرق والعمليات التقنية في إجراء الاختبارات غير الإتلافية في حقلي التشعيع الصناعي والفوقصوتيات الصناعية.

يحمل عدة إجازات كندية حكومية باستخدام التقنيات الخاصة بهذه الفروع المستخدمة في هندسة ضبط النوعية للصناعات النووية والمعدنية الثقيلة.

ومن تسنت له زيارة الدكتور مروه في منزله، لا بد وأنه توقف عند الشهادات العديدة المعلقة على جدران مكتبه في الطابق السفلي. فهو عضو في عدد من المعاهد العلمية كمعهد المهندسين النوويين، والمعهد الدولي للتقنية، ومعهد مهندسي الطاقة، والمعهد الأميركي للمهندسين الصناعيين. وكذلك، هو عضو في عدد من الجمعيات العلمية والهندسية مثل: الجمعية النووية الأميركية، والجمعية النووية

الكندية، وجمعية أبحاث الإشعاع الأميركية، والجمعية الكندية للحماية من الإشعاع، والجمعية الدولية للطاقة الشمسية وكثير غيرها. يحمل جائزة لانغفورد للتقدير والامتياز والتفوق المهني من معهد أونتاريو للتقنية الهندسية (1988) وقد حصل على هذه الجائزة في الفترة التي كان يعمل خلالها في محطة دارلينغتون النووية.

ومن الكتب التي نشرت للدكتور مروه نذكر: كامل الصبّاح، عبقري من بلادي، العبقرية المنسية، الأثر العربي في العلم الحديث، مؤشرات ورموز العلوم الطبيعية في القرآن، مؤشرات ورموز العلوم الطبيعية في تراث الأمام علي، المآثر العربية ـ الإسلامية في الحضارة الغربية، محنة المثقف العربي، الله والكون والإنسان، مفهوم الله ونظريات الفيزياء الحديثة، النقد الديني في الفكر العربي المعاصر.

ينشر حالياً مقالاته ومحاضراته في عدد من الصحف والمجلات العربية الصادرة في كندا والولايات المتحدة حول المآثر والمنجزات اللبنانية والعربية المعاصرة في العلوم والتقنية الغربية. وهو يحاضر منذ عدة سنوات ويكتب عن الآثار الفينيقية والعربية المكتشفة في القارة الأميركية والتي تعود إلى عهود عديدة قبل وصول كولومبس إليها. تعزز مقالاته ومحاضراته مئات من الوثائق المتوفرة، لينشر بين أفراد الجاليات اللبنانية والعربية الوعي والتحسس بأهمية التراث اللبناني والعربي الغني وما يحمله من أمجاد جديرة بالتقدير والاحترام والاعجاب.

لم تكن هذه هي المرة الأولى التي يتلقى فيها د. يوسف مروه جوائز تقديرية لنشاطاته وإنجازاته العلمية والثقافية الكثيرة التي يلزم لتعدادها عدد كبير من الصفحات. إلا أن ما يستوقفنا إزاء هذا الحدث الكبير عاملان إثنان، أولاً: الشعور بالاعتزاز والفخر لتلقي هذه الجائزة التقديرية حيث أننا نعتبر أن تكريم الدكتور مروه من هيئة

كندية، أهلية كانت أم رسمية، إنما هو تكريم لنا جميعاً نحن أبناء الجالية العربية. ثانياً: الشعور بالتقصير، كجالية عربية، تجاه الدكتور مروه وأمثاله من العرب المحلقين، كل في مجاله، الذين يعملون بصمت الجبابرة على إشباع الحضارة الإنسانية بعلمهم ومعرفتهم وعطائهم.

أما والكلام عن الدكتور يوسف مروه، هذا الإنسان الكبير الذي عرفته، فأعجبت بعلمه وثقافته وشدة التصاقه بتراثه العربي، أعترف أنني لن أفي الرجل حقه مهما حاولت، فإن تحضرني أشياء ستغيب عني حتماً أشياء كثيرة. لذلك سأختصر القول أن د. مروه، في دراساته وأبحاثه ومحاضراته وكتاباته، إنما يهدف إلى إقناع العالم بأننا أصحاب حضارة عريقة وشعب رائد في العلوم الإنسانية وواضع القواعد العلمية التي تقوم عليها التكنولوجيا الحديثة، عله بتلك الجهود النادرة يواجه بالأسلوب الموضوعي والحضاري، من نصب العداء للعرب وألحق بهم كل أشكال الرجعية والتخلف والإرهاب.

وكأني بالدكتور مروه الذي بحث في العلم والتاريخ والأدب والفلسفة ليبرز أهمية الدور العربي في الحضارة الإنسانية، قد أخذ على عاتقه الوقوف بوجه كل التحديات التي تواجه الإنسان العربي في العالم، متسلحاً بالعزم والايمان والعلم والبرهان. فتراه دارساً منقباً حائراً لا يطمئن له بال لأنه يدرك أن الطريق التي اختارها لا نهاية لها بل توجب عليه المتابعة والعمل المتواصل الدؤوب. فإذا أجيز لي وصفه بكلمات قليلة أقول: يوسف مروه هو الإرادة التي لا تلين والطموح الذي لا يهدأ.

إن الدور الذي يضطلع به الدكتور مروه في كشف وإبراز المساهمة العربية في الحضارة الإنسانية لهو عمل إعلامي مسؤول تعجز عن القيام به مؤسسات أنشئت خصيصاً لهذا الغرض. وإن الجائزة التي

دكتور مروّه وخالد حميدان

تلّقاها، مهما كبرت، تبقى دون الجهد الذي يبذله والعطاء الذي يقدمه خدمة للقضايا العربية عامة والانسان العربي في المهجر خاصة. وعلّ هذا الحدث يفعل في نفوسنا الفعل الحسن لنتيقظ ونعمل على تفعيل دورنا وتوظيفه في خدمة قضايانا، وبهذا نخفف العبء عمن نذروا أنفسهم ليقوموا مقامنا في الذود عن حقنا، وتلك هي الجائزة الكبرى. فإننا إذ نهنئ الدكتور مروه بهذه الجائزة الجديدة التي تضاف إلى الجوائز العديدة الأخرى التي حاز عليها، نقف إلى جانبه آملين مترقبين بانتظار "الجائزة الكبرى".

إلى الفنان الثائر مارسيل خليفة..
متهم أنت بالإرهاب..!

تعرض الفنان الثائر مارسيل خليفة أكثر من مرة لدعاوى جنائية (1996 و1999) على قاعدة اتهامه بالتعرض لقيم ومعتقدات دينية بسبب أغنيته "أنا يوسف يا أبي" من تأليف الشاعر الكبير محمود درويش، الذي ضمّن الأغنية بعض الكلمات من القرآن الكريم. أما الأغنية، فهي لا تتعرض للدين الاسلامي من قريب أو بعيد، بل إنها تصور، بوصف وجداني وإنساني، معاناة وآلام الشعب الفلسطيني. غير أن هذا، لم يردع بعض الرجعيين والمتخلفين من أن يتقدموا بالاعتراض والتجريح بالفنان الكبير والادعاء عليه لدى المحكمة الجنائية في بيروت، بالرغم من موقف العلامة الشيخ محمد حسين فضل الله والتظاهرات الشعبية التي قامت في أكثر من مكان دعماً لموقفه وبراءته. ونشير هنا إلى أن القاضي غادة أبو كروم التي كانت تنظر في الدعوى، لم تتأثر بمواقف المراجع الدينية المتشددة، بل رفضت الدعوى بكل جرأة وأعلنت في نص الحكم براءة الفنان مارسيل خليفة من تهمة المس بالمقدسات الاسلامية كما ورد في القرار الظني.

1999/10/20

متهم أنت بالإرهاب
لأنك عشقت الأرض وآمنت بالوطن..

متهم أنت بالجنون
لأنك أنكرت العار وهزمت المحن..

الفنان مارسيل خليفة في مؤتمر صحفي

متهم أنت بالإلحاد
لأنك اقتربت من الله
وارتضيت أن تكون "اليوسفَ"..

أمنت بالوطن..
في زمن تباع فيه الأوطان
وأطلقت صرخة "ثائر" مدوّية..

غنيّت بغداد وعمّان..
والشام والجولان.
غنيّت بيروت الصابرة
وجنوب لبنان..

غنيّت القدس المحاصرة
وواكبت أطفال الحجارة
تتسابق في الميدان..
وحملت شعلة المقاومة المقدّسة..

من أجل كل هذا اتهموك ورجموك
بحجارة الكفر والنكران..

وتابعت الطريق
"مرفوع القامة تمشي"
وفي يدك "غصن زيتون"..

القرار الظني..
وسام عزّ تعلقه اليوم على صدرك
لأنه الحكم "المبرم" على تخلفنا
وانهزامنا..
هو العبث بأحلام أطفالنا
وتطلعات أجيالنا..
هو صفعة خجولة لتاريخنا
وعائق معيب لارتقائنا..

تحية لك..
يا بطلاً تقف بوجه العاصفة..
المحبة إيمانك

وغصن الزيتون سلاحك..
و"الآهات تعصف في صدرك"
ألماً وتحسّراً..

كل لبنان يقف معك في قفص الاتهام..
وكل المقهورين والمستضعفين
من ورائك يرددون..
"توت توت ع بيروت"..

قرار اليوم ليس بالجديد:
اتهموك بالأمس
لأنك آمنت بالوطن..
ويتهمونك اليوم
لأنك تحدّث بروح الوطن..

أغفر لهم يا صديقي
إنهم جاهلون لما يفعلون..

مأثرة "العلي"..

2000/6/14

إن تفاعلنا الحضاري كجالية عربية في المغترب الكندي، يحتم علينا الاختلاط والاندماج في قلب المجتمع - الموزاييك - الذي التقت فيه شعوب الأرض من أقصاها إلى أقصاها، وبالتالي ممارسة حقوقنا والقيام بواجباتنا على الأكمل، وإلا كان مصيرنا العزلة والتهميش. فالواجبات كما نعرفها، نعمل بموجبها دون تردد - مرغمين أو مختارين - متى كان التعامل مع الأجنبي، كالابتسام للمارة في الطريق، والوقوف بالصف بانتظار الدور دون تأفف، وإخفاض الصوت عندما نخاطب الموظفين أو البائعين، وإطلاق النكات في الحديث مع الجيران (على طريقتهم)، وتجنّب التكلم بالعربية بحضور غير العرب "حفاظاً على شعورهم" كي لا يصابوا "بالقرف"، إلى آخر المعزوفة وبأشكال لا تحصى، كل هذا لنوهم أنفسنا ونوهم الآخرين أننا تأقلمنا مع جو البلد وأصبحنا في صف المواطن الكندي وقد "نفضنا عنّا غبار الجذور والأصول"..

أما الحقوق فلا نعرف منها إلا القليل وإن كان فهمنا لهذا القليل منقوصاً. فإذا سمح لنا بحرية القول نتكلم بالإباحية والشتيمة. وإذا أعطينا حرية التعبير نتحدى وننازل عمالقة الفكر والأدب والعلم في محاولة للتقليل من عظمة عطائهم ونتاجهم الفكري. وإذا طلب منا ممارسة حق الانتخاب نمتنع عن الإدلاء بصوتنا "ربّما خوفاً من عقاب الآخرة" بحجة أن الأمر لا يعنينا أو ضيق الوقت أحياناً أو أن ليس بين المرشحين من يستحق صوتنا. ونتخلى عن هذا الحق لأتفه الأسباب والتبريرات..

وإذا ما دعينا إلى مظاهرة لدعم مطلب حقوقي يتعلق بمصلحة الجالية أو الوطن، نختبئ "وراء أصبعنا" ونقدّم الأعذار الواهية لعدم الاشتراك في التظاهر "خوفاً من أن يُكشف أمرنا" عملاً برأي بورجوازي قديم يعتبر أن الشارع لأولاد الشارع.

وبهذا النوع من الممارسات تعيش جاليتنا العربية تعددية مترجرجة في شخصيتها لا تبلغ فيها القرار.. وتفقد بالتالي احترام المسؤولين والاهتمام بقضاياها..

ومتى لحق الغبن والإجحاف بالحق العربي تتعالى بعض الأصوات مستغربة تصرف المسؤولين في عدم استقبالهم والسماع لهم أو في تخلفهم عن مناسباتهم وحفلاتهم. وتبدو العلاقة وكأن المجموعات العربية التي تشكل إحدى شرائح المجتمع الكندي، لا تدخل في حسابات المسؤولين سلباً أو إيجاباً.

إن التفاعل الحضاري يقضي بأن نتخلص من مركبات النقص التي زرعت في نفوسنا مع "العادات والتقاليد" وكان بنتيجتها أن نهرب من كل مسؤولية، لنلقي بها على الآخرين. يجب أن نعرف كيف نجعل الآخرين وخاصة المسؤولين ينظرون إلينا بنظرة الإعجاب والاحترام فيحترمون مناسباتنا ويلبون دعواتنا إلى حضور احتفالاتنا القومية وحفلاتنا الاجتماعية ومعارضنا الفنية.. لا بل يجب أن نجعلهم يتنافسون على إرضائنا وتلبية مطالبنا. وهذا طبعاً لا يتم بمجرد التمني وإنما بالفعل والممارسة. والممارسة هنا تعني أن نقوم بتأدية دورنا كمواطنين كنديين بما لنا من حقوق وما علينا من واجبات، فنطالب بالحق متى كنا أصحاب حق دون خوف أو تردد.. أن نقول كلمتنا بصدق وحرية دون تضليل أو مواربة..

وأن نقوم بواجباتنا الاجتماعية كاملة بما تقتضيه القوانين والأنظمة والأعراف كأن ندلي بصوتنا الانتخابي يوم يتعيّن علينا ذلك وأن ندلي بوجهة نظرنا في كل المستجدات بحيث تكون لنا مشاركة فعلية

في صنع القرار بما يمليه علينا دورنا الاجتماعي والسياسي الذي يمنحنا أياه القانون.

إن الذي حدا بنا إلى الكشف هذا ـ وليست المرة الأولى التي نتناول فيها هذا الموضوع ـ مأثرة قام بها واحد من أبناء الجالية ليؤكد للجميع أن قليلاً من الكرامة وإثبات الوجود قد يغيّر الصورة المطبوعة عن العرب في أذهان المسؤولين ويجعلهم يعيدون النظر في أسلوب التعاطي معهم.

علي ملاح يخطب بالمتظاهرين

أما صاحب المأثرة فهو الأخ والصديق علي ملاح الذي يشغل منصب رئيس فرع الاتحاد العربي الكندي في تورنتو وعضو اللجنة الاستشارية العربية في حزب الديمقراطيين الجدد. ويحرص علي منذ سنوات على أن يكون حزبه ممثلاً في كل المناسبات العربية بأحد المسؤولين فيه.

وحصل في الآونة الأخيرة أن أزعجه تخلف المسؤولين عن مؤتمر الاتحاد العربي بعد أن كانوا قد أكدوا على الحضور وأدرجوا في لائحة الخطباء، لكنهم اعتذروا في اللحظة الأخيرة.

وصادف موعد المهرجان الكندي المتعدد الثقافات الذي يقيمه مركز التراث العربي، بعد فترة قصيرة من انعقاد المؤتمر حيث تسلم المركز رسالة من هاورد هامبتن يعتذر فيها لعدم تمكنه من الحضور. فما كان من الأخ علي إلا أن اتصل بمقر الحزب حازماً ومؤكداً على ضرورة حضور أحد المسؤولين كممثل شخصي للرئيس هاورد هامبتن مهما كلف الأمر. وقد تقرر على الفور، بعد إصرار الأخ علي، أن تحضر النائبة الحالية والوزيرة السابقة السيدة مارلين شارلي لتحضر المهرجان.
أضف إلى ذلك ما يقوم به علي ملاح لدى الحزب في كل مناسبة، لتوضيح موقف سياسي أو شرح ذكرى وطنية أو الطلب إلى مسؤولي الحزب تبني وجهة النظر العربية في مطلب عادل يتعلق بالجالية هنا أو الوطن هناك. أما ردة الفعل فهي دائماً إيجابية.. وإن دلّ هذا على شيء، فعلى الثقة بالنفس والقيام بالواجب وممارسة الحق في إطار الآداب واحترام القوانين.

فكلّ العناصر متوافرة بفعل النظام الكندي والقوانين المرعية. ويبقى علينا أن نعزّز الثقة بالنفس لنخطي خطوَ "العلي". فإلى الصديق العزيز علي ملاح تحية الإكبار والتقدير..
وجلّ ما نأمله في المستقبل أن يكون داخل كل حزب من الأحزاب الرئيسية الكندية عضو عربي فاعل على مثال علي، فتستقيم أمور الجالية العربية وتحظى باحترام الجميع.

❖

إلى صاحب الغبطة مع أطيب التمنيات..

البطريرك صفير وخالد حميدان

سلمت هذه الرسالة باليد، إلى صاحب الغبطة البطريرك مار نصرالله بطرس صفير، خلال زيارة الأخير إلى كندا في إطار جولة على الجاليات اللبنانية في أميركا الشمالية خلال شهر آذار من العام 2001. وقد تم اللقاء مع صاحب الغبطة بتاريخ 21 آذار 2001 في فندق شيراتون سنتر ـ تورنتو، بحضور الصديقين السيد وليد الأعور ود. بشير أبو الحسن، حيث نوقشت الخيارات المتاحة للخروج من الأزمة السياسية التي عانى منها لبنان طويلاً والسبل المتاحة لبلوغ الوفاق الوطني وعودة اللحمة بين اللبنانيين.

2001/3/21

حضرة صاحب الغبطة
تحية وطنية صادقة وبعد..

نتطلع إليكم اليوم بإعجاب وترقب كبيرين وأنتم تجوبون البلاد الأميركية لتفقد الرعيّة ولقاء المنتشرين فيها من اللبنانيين الذين هاجروا إلى ما وراء البحار بحثاً عن وطن جديد وعيش رغيد بعد أن ضاقت بهم أرض الوطن واستحارت بطريقهم المحن..

نتطلع إليكم بإعجاب وترقب كبيرين وأنتم تقفون أمام اللبنانيين، على مختلف طوائفهم ومذاهبهم، بمواعظكم الحكيمة، لشرح المسألة اللبنانية التي تتفاقم يوماً بعد يوم وحثهم على الوقوف صفاً واحداً بوجه التحديات الكبيرة التي تعصف بلبنان، في انتفاضة للضمائر وتعالٍ عن الصغائر.. نستمع إليكم ونصغي بنشوة حالمة ونتوسّم الخير الآتي إلينا من البعيد رغم انحسار الآمال في نفوسنا، ونرى في خطوتكم المباركة ولادة لمشروع وطني كبير يعيد اللحمة بين أبناء الوطن الواحد إذا ما توافرت له الظروف الملائمة.. ونتساءل بلهفة طالب المعرفة التوّاق إلى المزيد..؟
هل يمكن للبنان أن ينهض من كبوته ويستعيد أمنه واستقراره ودوره بدون وحدة أبنائه..؟
وهل يمكن قيام هذه الوحدة بدون العدل والمساواة وتثبيت قواعد الحرية والديمقراطية..؟
وهل يمكن تحقيق العدل والمساواة في ظل النظام السياسي اللبناني القائم على التركيبة الطائفية، وقد ثبت فشله، والذي يشكل السبب الرئيسي لتدهور لبنان وتفكك وحدة أبنائه على مر العصور..؟
فمشكلة الطائفية في لبنان ليست بالأمر الجديد وتعود إلى أكثر من خمسماية سنة إذ تتصل جذورها بفترة قيام الدولة العثمانية وهيمنتها على كامل المشرق العربي مروراً بالانتدابين البريطاني والفرنسي ودولة الاستقلال. وكان المستعمر، في كل عهد، يستخدم ذات الوسيلة في تحريك العصبيات الطائفية وإثارة الأحقاد الدفينة بين الطوائف لإحكام السيطرة على البلاد. ومثله فعل الحكم الاقطاعي

الذي أوجده المستعمر حيث حصلت فئة قليلة، من مختلف الطوائف، على امتيازات كبيرة على حساب الغالبية العظمى من اللبنانيين. وقامت دولة لبنان الكبير يحكمها الاقطاع وأصبحت هذه الدولة فيما بعد جمهورية.

يقول المؤرخ يوسف ابراهيم يزبك: "وهذه الجمهورية هي ذات الجمهورية التي جعلها الميثاق الوطني دولة الاستقلال، ولم تكن في الواقع إلا امتداداً للحكم الاقطاعي فالحكم الاستعماري".

وهكذا ظلّ لبنان، حتى أيامنا هذه، يحكمه الاقطاع الذي يشكل في النهاية الأداة المحلية للمستعمر. وليس الميثاق الوطني سوى "العقد الاجتماعي" الذي يخوّل رجال الاقطاع قسمة الغنائم وإحكام السيطرة على الامتيازات.

يقولون إن الحروب الطائفية في لبنان، على مر الأزمان، هي من صنع الأجنبي أو المستعمر.. ويقولون إن الحرب الأهلية التي دامت ما يزيد على العشرين عاماً هي حروب الآخرين على أرض لبنان.. فإن سلمنا جدلاً بهذا التوصيف، غير أن الحرب قد نفذت على أيدٍ محض لبنانية. فكيف نرضى بأن نكون الأداة الطيّعة المنفذة لإرادة الآخرين..؟ إن قولاً كهذا هو أخطر بكثير مما لو اعترفنا صراحة بما اقترفت أيدينا بحق لبنان وتلَونا بعده فعل الندامة.. صاحب الغبطة..

لقد بات مؤكداً لجميع اللبنانيين أن الاستمرار والاستقرار غير ممكنين إلا بنسف التركيبة القديمة واستبدالها بما يتلاءم مع تطورات العصر والقواعد الثابتة المعترف بها دولياً لحقوق الانسان.. فالخطوة الأولى نحو الوحدة والاصلاح تبدأ من هنا.

ومن المؤكد أيضاً لجميع اللبنانيين أن لبنان لا يحكم إلا بالتوازن والمشاركة وأي إخلال بهذه المعادلة يعيدنا إلى نقطة الصفر. وهذا يعني التقهقر والرجوع إلى الوراء.

إن معركة تحرير لبنان التي أطلقتم شرارتها الأولى، لا تقل أهمية ودقة عن عملية تحرير النفس من شوائب الأنانية والجهل والاستعلاء والاستخفاف. ومن هنا كان علينا أن نسير في عمليتين للتحرير متوازيتين: تحرير الانسان وتحرير الأرض والعملية الأولى هي ضرورية لتحقيق الثانية.
ففي تحرير الانسان وانطلاقاً بأن التعايش المسيحي المسلم أمر حتمي لا مفر منه يجب أن نتنبّه إلى النقاط الأساسية التالية:

أولاً: إطلاع المسيحيين على الدين الاسلامي لأنهم يجهلونه وإذا عرفوا عنه شيئاً فقد غابت عنهم أشياء. وكذلك إطلاع المسلمين على جوهر الدين المسيحي الداعي إلى المحبة والسلام. وهكذا بدلاً من أن يتساوى المسلمون والمسيحيون في جهل بعضهم بعضاً دينياً وتاريخياً، يتساوون في المعرفة والانفتاح واحترام البعض لمعتقد الآخر..

ثانياً: إعادة كتابة التاريخ اللبناني بعيداً عن السموم وإثارة الحساسيات الدينية والمناطقية والاقليمية وتعريف الأجيال الطالعة بتاريخ وإنتاج المتفوقين اللبنانيين، الذين أغنوا الحضارة الانسانية بعلومهم وفلسفاتهم واختراعاتهم واكتشافاتهم، لتكون حافزاً لهم على العطاء والإبداع.

ثالثاً: التخلي عن الطوائفية السياسية أو السياسة الطوائفية، وإطلاق الحريات الديمقراطية وإشاعة العدل والمساواة بين المواطنين واعتماد الكفاءات في الوظيفة العامة.

أما في تحرير الأرض، فقد تسهل العملية في ظل تربية وطنية واحدة تعزز الانتماء الوطني والوحدة بين اللبنانيين وتجعلهم يدركون المصير الواحد فلا يترددون في تلبية الواجب. وفي هذه العملية أيضاً نقاط أساسية لا بد من الاشارة إليها:

أولاً: التعاطي مع تطورات المنطقة بصفة الشريك المعني بالمستجدات الأمنية والاقتصادية والاجتماعية وخاصة أننا نواجه عدواً مشتركاً متربصاً بحقنا وأرضنا ولم تنته حربنا معه بعد.
ثانياً: استخدام الصبر والحكمة في القرارات المصيرية وعدم السماح بالحملات الكلامية والاعلامية الناتجة عن الانفعالات والتشنجات لأن مثل هذه الأساليب تفقدنا التوازن وتشجّع أبناءنا على الهجرة. فالتشجيع على هجرة المهارات الوطنية ورؤوس الأموال هو مساهمة مباشرة في تصفية الوطن.
ثالثاً: مواجهة العدو باستخدام شتى أنواع الأساليب المتاحة: كالاعلام السياسي والاعلام الدبلوماسي والاعلام المقاوم، وهي من الحقوق التي تقرّها جميع الأعراف الدولية. وحدها الارادة الشعبية قادرة على تسيير الأساليب الثلاثة هذه لمواجهة العدو بخطوط متوازية.

صاحب الغبطة..
هذا قليل من كثير يمكن إثارته اليوم في مستهل ورشة الترميم وإعادة إعمار الوطن. وما كنا لنرهق آذانكم بمثل هذه المطالب لو لم نلقَ فيكم الصدر الرحب والقلب الكبير..
نتمنى لغبطتكم الاقامة الطيبة بين أهلكم ونتمنى عليكم بعد عودتكم بالسلامة إلى لبنان، أن تدعوا إلى مؤتمر وطني يشترك فيه الزعماء الروحيون والزمنيون، على مختلف طوائفهم وانتماءاتهم السياسية (وإن تعذر اجتماعهم جميعاً فبمن حضر)، تتخذ فيه القرارات على أن تكون ملزمة للجميع، والخروج بتوصيات وطنية ممكنة التطبيق على أرض الواقع في إطار من المسؤولية والجدية والرغبة الكاملة في حفظ لبنان وطناً واحداً لجميع أبنائه..
وإذ نأمل أن يتكلل سعيكم بالتوفيق والنجاح.. اقبلوا منا أطيب التمنيات ودمتم ذخراً لنصرة لبنان..

❖

حج مبرور وسعي مشكور..

كتبت هذه المقالة على أثر زيارة قداسة البابا يوحنا بولس الثاني إلى بلاد الشام خلال ربيع العام 2001 .

2001/5/9

تأتي زيارة البابا يوحنا بولس الثاني "على خطى بولس الرسول" الى بلاد الشام "أرض الحضارات ومهد المسيحية" لتؤكد لشعوب المنطقة بأن السلام الحقيقي لا يتم إلا في إطار المحبة والاحترام. وأن زيارته هذه تمثل القدوة والأمل "في أن يتحوّل الخوف بين شعوب المنطقة الى ثقة ويتحوّل الازدراء الى احترام متبادل وتتراجع القوة أمام الحوار وتتقدم الرغبة الصادقة في خدمة الخير العام على ما سواها".

وفي الوقت الذي كان البابا يقوم بزرع شجرة السلام في القنيطرة عاصمة الجولان المحتل ويؤدي صلاة السلام في كنيستها المدمرة من قبل الاحتلال، جاء الرد الإسرائيلي على زيارة البابا بالتصعيد السياسي والعسكري في الضفة الغربية وقطاع غزة حيث قامت القوات الإسرائيلية بمجموعة عمليات اقتحام وقصف مركّز لمناطق الحكم الذاتي الفلسطيني مما أدى إلى استشهاد ستة فلسطينيين من بينهم رضيعة لا يتجاوز عمرها الأربعة أشهر، بالإضافة إلى عدد كبير من الجرحى، وسط تهديدات لرئيس الوزراء أرييل شارون الذي قال: "لا مهادنة في مكافحة الإرهاب التي ستكون حاسمة ومتواصلة. وإن هذه المكافحة ستكون وفقاً لمبادرات سنتخذها بأنفسنا" أي دون أن تكون رداً على اعتداءات معينة من الجانب الفلسطيني. وهكذا يعمل شارون، مرة أخرى، على ذر الرماد في عيون الأسرة الدولية وبوجه قداسة البابا الذي يزور المنطقة، في محاولة عقيمة لإطفاء الشرعية على تعديات الجيش الإسرائيلي وعملياته الوحشية على الآمنين والعزل من الشعب الفلسطيني في ما أسماها "مكافحة الإرهاب".

من جهة أخرى، في الوقت الذي يعتبر شارون أن الطريق الوحيد لاستئناف عملية السلام تكمن في المفاوضات المباشرة، ذكرت صحيفة "هآرتس" أن شارون اتخذ قراراً قبل أسابيع يقضي بتكثيف أعمال العنف في الأراضي الفلسطينية تمهيداً لتنفيذ المشروع الجديد القاضي بإقامة مستوطنات جديدة داخل الأراضي الفلسطينية أعدت الميزانية الخاصة لها مسبقاً.. وإزاء المستجدات الحاصلة يمكننا استخلاص ما يلي:

أولا: إن زيارة البابا إلى المنطقة أعطت أهمية كبيرة للقاء الكنائس المسيحية على اختلافها كما فتحت المجال للقاء المسيحيين بالمسلمين خاصة لدى زيارته للمسجد الأموي حيث استقبله وزير الأوقاف الإسلامية وحشد من رجال الدين المسلمين والمسيحيين.

ثانياً: التأكيد على رسالتي المسيحية والإسلام الداعيتين إلى المحبة والسلام فيما يخدم الوحدة والتكامل في مواجهة المصير الواحد.

ثالثاً: ضرورة الوقوف صفاً واحداً بوجه الاحتلال الإسرائيلي الذي لم تتوقف يوماً أهدافه التوسعية على حساب المواطنين الآمنين في لبنان وسوريا وفلسطين رغم قرارات الأمم المتحدة وتوصيات الدول الصديقة وتبرئة البابا لليهود من دم المسيح.

رابعاً: ضرورة بدء الحوار لإزالة كل الإشكالات العالقة تمهيداً لوضع تصور عام وشامل في مواجهة الأخطار التي تهدد المشرق العربي من جراء التعديات الإسرائيلية والدعم الأميركي لها.

خامساً: الاستفادة من الصراع الإسرائيلي الداخلي القائم حالياً بين شارون ومعارضيه، بدعم الانتفاضة الفلسطينية وحق الشعب المشروع في الدفاع عن أرضه وحق العودة.

سادساً: تكثيف العمل الدبلوماسي وشرح الحق العربي في الخارج والإستفادة من هزيمة أميركا مؤخراً في الأمم المتحدة حيث فقدت المقعد في المجلس الدولي للرقابة على المخدرات بعد أن خسرت مقعدها قبل أيام في مفوضية الأمم المتحدة لحقوق الإنسان. وأن في هذه الهزيمة مؤشراً هاماً على تراجع التأثير الأميركي في السياسة الخارجية.

إننا في استخلاصنا لهذه النقاط، إنما نشارك قداسة البابا صلاته من أجل السلام القائم على العدل، وبغيره فنحن غائبون ومغيّبون. وإذا لم نعمل على تحقيق الخطوات العملية المؤدية لهذا السلام، لن تأخذ زيارة البابا إلى المنطقة البعد التاريخي ولن تتحقق الغاية المرجوة منها. لذا سنردد مع المؤمنين المتفائلين بانتظار ما سيكون: "حج مبرور وسعي مشكور".

إلى سيادة المطران غريغوار حدّاد:
اليوم أتممت رسالتك.. فهنيئاً لك..!

في حزيران 2002، تعرض الصديق الفاضل المطران غريغوار حداد إلى حادثة اعتداء على أيدي بعض الجهلة الذين لم تعجبهم أقواله ودعوته المستمرة إلى العلمانية والمجتمع المدني. يقول المطران حداد: "هناك مؤمنون ملتزمون حرف الانجيل. وكنت أحاول أن أقول أن الكنيسة تطورت كثيراً ولم تعد كما كانت عليه في القرون الوسطى، غير أن بعضهم ليس قادراً على تحمل مثل هذا الكلام".

وفي أول تعليق على الحادثة، وكانت القوات الأمنية قد ألقت القبض على الفاعلين، قال المطران في حديث إلى جريدة النهار: "لا أريد الادعاء على المعتدين بل أرغب في محاورتهم. يجب أن نخرج من جمودنا وعاداتنا وتقوقعنا، وهذا يتطلب تجاوز الأنانية والجهل وتعزيز المعرفة والتعمق في الأمور"..

2002/06/19

لأنك آمنت بالانسان وبالوطن، وقضيت عمراً حافلاً بأشواك العطاء دون منة أو رجاء..

لأنك أعلنت بأن القيم الانسانية لا تجد مبادئها إلا في ذات الانسان وبشّرت بنظرة شاملة ذات حيادٍ إيجابي تجاه الأديان..

لأنك طالبت باستقلالية الدولة عن الدين والدين عن الدولة وطرحت شعار "العلمانية" بديلاً عن الطائفية..

لأنه فاتك أنك تهدد رجال الدين بامتيازاتهم الدنيوية وبدورهم في "لعبة التوازن الحضاري".. وأنك تهدد التعددية الحضارية التي يدعيها "المناضلون من أجل لبنان" على حساب فقراء لبنان المستسلمين لقضاء الله وقدره..

لأنك تسعى إلى إعادة الاحترام للانسان واعتباره القيمة الأسمى فوق الغرائز والعصبيات ترسيخاً لقيم الحق والخير والجمال..
من أجل هذا سيدنا الكريم.. اتهموك بالإلحاد!!
"فكيف يكفر من يرتدي عباءة السماء".. ؟

لأنك تعلو بالمواطن إلى مستوى المسؤولية الوطنية في رسم الإطار الأفضل للديمقراطية التي تتجلى في بناء القاعدة "من تحت" وليس بتنزيل الأوصياء "من فوق"..

لأنك تحث على إقرار وتطبيق اللامركزية الادارية من أجل تمكين المجتمع الأهلي من المراقبة والمحاسبة..

لأنك طالبت بعدالة إجتماعية تتناقض مع كل أشكال التمييز الطائفي والمذهبي وأعلنت المساواة على كل الصعد وفي مختلف المجالات..

لأنك نبهت إلى الشفافية التي هي عنصر مكمل للعملية الديمقراطية وتتجسد في واجب السلطة في قول الحقيقة..

لأنك قاومت الجهل وقلت بأن "حيث لا معرفة لا حرية إلا في الاختيار بين السيء والأسوأ".

لأنك شدّدت على أن لا عدالة ومساواة إلا بقيام دولة القانون والمؤسسات..
من أجل هذا سيدنا اتهموك بالتحريض والانحراف..
فكيف تدل الناس على حقوقها وهذا أمر تحتكره الطبقة السياسية..؟
إنه خروج فاضح على العادات والتقاليد..

لأنك آمنت بحق المواطن في الانعتاق من سلطة التبعية ورسمت له الطريق للقيام بدوره في عملية الإنماء "بحيث ينمو الانسان وكل الانسان" (كما تقول)..

لأنك اعتبرت بأن الانسان هو من بين كائنات العالم القيمة المطلقة الوحيدة.

لأنك ركزت على اللاعنف الايجابي كاعتماد الحوار والاقناع والتعاون والتنسيق للوصول إلى الهدف أو الغاية..
وقد غاب عن بالك يا سيدي بأن مثل هذا يلغي تبعية رأس المال ويقضي على دور أصحاب الثروات في "عملية الإنقاذ"..

لأنك نقمت على الاقطاع بجميع أشكاله وأعلنت ثورةً صامتةً قوامها العلم والعمل..
من أجل كل هذا ضربوك بالخفاء، وليس من مبرر لالغائك في العلن، كي لا يفتضح أمرهم وتكشف أفعالهم..
ذنبك أنك بشرت بالمحبة.. وذلك يا سيدي لـ "خطيئة مميتة"!!

قد يكون المحرضون في عداد المستنكرين من حولك.. فلن أثور ولن أقيم الأرض وأقعدها بالتفتيش عن الجاني، بل سأعمل بتوجيه مبادئك التي تقول بأن اللاعنف طاقة تغييرية تقوم على المعذرة والمغفرة، وبالترديد معك: أغفر لهم يا أبتاه..

سيدي المطران..
سأكتفي بتحيتك وسأبشر بنجاح مهمتك. فقد أتممت اليوم رسالتك.. فهنيئاً للبنان وهنيئاً لك..!

هالة سلام مقصود..
ثقل الهموم والتساؤلات

ألقيت هذه الكلمة بتاريخ 20 أيلول 2002 في احتفال تأبيني أقامه مركز التراث العربي في تورنتو ـ كندا، تخليداً لذكرى المناضلة الراحلة هالة سلام مقصود، بحضور زوج الفقيدة الدكتور كلوفيس مقصود، الذي جاء خصيصاً من واشنطن، وحشد كبير من أبناء الجاليات العربية.

الحقيقة هي كما هو معلوم وجود ومعرفة. وجود في الظاهر والباطن ومعرفة في وحدانية الحركة والانفعال اللذين يتمخض عنهما الوعي. وليس الوعي سوى تلك الحالة النفسية التي تخلق الهواجس والمخاوف والطموحات، وتواكب المستجدات في تجارب التاريخ..

هالة سلام مقصود.. أدركت الحقيقة في وحدانيتها وعملت بالفعل والتعبير والإيحاء على استعجال من أمرها لتقطف ما استطاعت وكأنها أيقنت بأن عمراً قصيراً، بما سيجنيه من ثمار، لا يكفي لبلوغ المنتهى..

لم يكن صراعها من أجل القضية العربية، بما يتضمنه من آلام واضطرابات، أقلّ من صراعها مع المرض العضال. فنذرت للأول حياتها وللثاني مماتها ورحلت تاركة العبرة والذكرى والمثال..

إلى أين تسير الانتفاضة وأطفال الكرامة في فلسطين؟

إلى أين يجنح العراق بنسائه وشيوخه وأطفاله الذين يتآكلهم المرض والجوع؟

ماذا تخبىء الأيام للمقاومة الوطنية في لبنان.. تلك المقاومة التي رسمت بدماء شهدائها شكلاً حضارياً للانتصار..؟

هذه المخاوف والهواجس وغيرها كانت شغلها الشاغل. فرحلت حاملة في صدرها ثقل الهموم والتساؤلات وتاركة لنا من بعدها صعوبة الاحتمال وعبء المواجهات..

قليلون هم الذين يدركون معاناة الوطن بالحس المعرفي، أي بالفعل والتفاعل. أما الآخرون فيحدثون عنها بما يشاع ويذاع. فالأول يسمى عملاً نهضوياً حياً والآخر مرآة جامدة لا تنبض بالحياة..

تواجه الشعوب العربية اليوم، في المغتربات كما في الوطن، تحدياتٍ مصيرية لا يمكن الوقوف إزاءها موقف المتفرج المنتظر، إذ كشف المشروع الأميركي ـ الصهيوني القناع عن وجهه، هذا المشروع الذي يهدف إلى السيطرة على المشرق العربي الخازن للنفط والمياه والمعادن.

وما الادعاء بالحرب على الارهاب ورموزه وإسقاط الأنظمة الديكتاتورية سوى ذريعةٍ لكسب الرأي العام العالمي وتبريرٍ لوضع

اليد على سائر المناطق النفطية الممتدة حتى الشرق الأقصى، ومن هناك على مناطق النفوذ في العالم.. ويأتي هذا التدبير من وحي السياسة الأميركية المعلنة في منطقة الشرق الأوسط منذ الحرب العالمية الأولى وتطبيقاً لمبادىء الرئيس ويلسن وفي مقدمتها "مبدأ تحرير الشعوب".

فإذا ما عرفنا أن أكثر من 70% من نفط العالم مملوك من الدول العربية والاسلامية، يسهل علينا فهم الحملة المسعورة التي تشنها الولايات المتحدة الأميركية ضد العرب والمسلمين وتصورهم بالارهابيين المتخلفين الذين لا يحترمون الحضارات الغربية ولا يقيمون وزناً لمبادىء حقوق الانسان.. هو ذات الأسلوب الذي اعتمدته في حربها الباردة مع الاتحاد السوفياتي عندما كانت تستخدم الشحن الطائفي وتصور الشيوعية بالشيطانية المعادية لجميع الأديان السماوية..

إنها حقيقة موجعة للغاية ولكنها تستوجب السؤال: ماذا فعلنا لمواجهة التحدي واستمالة الرأي العام العالمي إلى جانبنا ليقف سداً واقياً بوجه الأطماع والتعديات علينا؟

يتحدث البعض عن ضرورة لإنشاء محطة تلفزة عربية تبث برامجها باللغات الحية لتخاطب العالم في شرح الموقف وإبراز الحق العربي المغتصب. وهنا تراودنا أيضاً تساؤلات عديدة:

هل وحدنا قراءة الأحداث انطلاقاً من وحدة خطابنا السياسي على قاعدة الوعي القومي بآماله وطموحاته؟

هل تخلصنا من عصبياتنا الطائفية والاقطاعية والطبقية؟

هل تجاوزنا حدود المناطقية والاقليمية لبلوغ الوطن في اتساعه وتكامله؟

أخشى ما أخشاه.. إن عدم وجود محطة تلفزيونية أو أي مشروع إعلامي بهذه المواصفات، هو أفضل بكثير من وجوده طالما أنه لم

تتوحد في عالمنا بعد، القراءة الواعية لمجريات الأمور ولم تتحقق بعد وحدة الخطاب السياسي.

إن كل ما يجري حولنا، من ضرب الانتفاضة في فلسطين إلى التهديد بضرب العراق والتلويح بعده بضرب المقاومة في لبنان، يهدف إلى إرباكنا واستدراجنا إلى رهانات ومواقف ليست في مصب حقوقنا ومصالحنا.. فلا خيار لنا سوى العودة إلى قراءة جديدة للمستجدات واستنباط العبر منها والحقائق. بقي أن نجد في عودتنا هذه مساحات خصبة للتلاقي والحوار..

إن ذكرى الراحلة الكبيرة تستوقفنا اليوم لاستذكار الصفاء والوفاء واستحضار العزائم إلى جانب رفيقها المناضل الصديق كلوفيس مقصود ومواصلة الطريق من أجل مستقبل واعد محصن بالمناعة والأمل والوقوف صفاً واحداً بوجه المحن والأعاصير..

بيار حلو.. رجل المواقف في زمن المساومات

2003/8/6

لعلّ ما أثقل صدره وأسكت قلبه الكبير "حديث الساعة" على شاشة "المنار" الذي كان يدور حول الوضع الاقتصادي والاجتماعي الراهن في لبنان. يقول عماد مرمل الذي دعا بيار حلو إلى الاشتراك في البرنامج لمحاورة النائب عبد الله قصير ومستشار وزير المال

أديب فرحة.. "كان تجاوبه سريعاً وحاراً لرغبته في "الفضفضة" عله يستريح.." وبالفعل قال حلو كلمته ـ الوصية ـ ومضى ليستريح.. لقد كان الوضع اللبناني العام شغله الشاغل. لم يتأثر يوماً بوباء الطائفية أو المناطقية بل كان يتألم لآلام الناس وينتقد السياسات الخاطئة من أية جهة أتت مؤكداً على أنه لن يهدأ له بال إذا استمر البعض باستغلال المواقع السياسية لتحقيق المكاسب الشخصية وتنفيذ الاجراءات الكيدية على حساب الوطن وحقوق المواطن..

لم أتطرق اليوم للكتابة عن الراحل الكبير لأنقل ما جاء في الصحافة اللبنانية أو ما قال فيه وعنه عارفوه ومحبوه على أثر وفاته المفاجئة وهو الذي سيفتقده كل لبنان.. بل لأكتب عن صديق عرفته منذ اليوم الأول لدخوله معترك السياسة اللبنانية حيث انتخب نائباً عن قضاء عاليه عام 1972 وكنت آنذاك رئيساً لمجلس إنماء قضاء عاليه، أعمل من أجل إنماء القضاء إلى جانب مجموعة مخلصة من شباب المنطقة هم السادة مراد الخوري، ميشال أبو شاهين، عدنان العريضي وغسان حتي، وكنا نحن الخمسة الأعضاء المؤسسين لمجلس الانماء.

في العام 1973 عين بيار حلو وزيراً للصناعة والنفط في حكومة صائب سلام التي أطلق عليها اسم "حكومة الشباب". وكان تعيين بيار في هذه الحكومة مجالاً لنتعرف عليه عن كثب وطلب المساعدة رسمياً لمجلس إنماء قضاء عاليه لاعتبارين اثنين: كونه وزيراً في الحكومة وفي ذات الوقت نائباً عن منطقة عاليه.. ولدى اجتماعنا إليه بادر إلى القول مازحاً بابتسامته العريضة التي لم تكن تفارق شفتيه: "سمعت أنكم تعملون على فتح حكومة على حسابكم في منطقة عاليه.. شو نحنا مش عاجبينكن..؟". فضحك الجميع ثم جلسنا لمناقشة المشاريع التي كنا قد أعددناها وهي تتلخص باجراء مسح شامل للقضاء يبين الحاجات والثغرات في مختلف القطاعات، للعمل

فيما بعد على سدها بتعاون بين الادارة الرسمية من جهة والقطاع الأهلي من جهة ثانية نتفق على صيغتها فيما بعد. ولم يكن لبنان في أوائل السبعينات أفضل حالاً عما هو عليه اليوم ولم يكن تنفيذ مشروع كهذا ممكناً دون المرور بالوسطاء والمنتفعين، إلا أن بيار حلو أصر على تقديم المساعدة وسجّل في مفكرته بعض الملاحظات لإجراء الاتصالات اللازمة ببعض المسؤولين ولكن حدث ما ليس بالحسبان.. طارت الوزارة، رغم أنها عمّرت لوقت ليس بالقصير بعد تاريخ اجتماعنا به، قبل أن يسمع جواباً من أحد..

لم يتسن لنا اللقاء بالصديق الراحل طوال فترة الحرب الأهلية اللبنانية التي اجتاحت كل الوطن وغيرت ملامح وشخصيات كثيرة، إلا أنها لم تغير في بيار حلو شيئاً.. ولدى لقائنا به في أوائل التسعينات، كان اندفاعه للعمل لا يوصف وكأنه أراد أن يسرّع الخطوات ليعوض على البلد ما فاته في سنوات الحرب.

***

لم يدخل بيار حلو يوماً في مساومة أو تسوية طمعاً بمنفعة أو مكسب خاص..

آمن بالوطن وكرامة المواطن منذ اليوم الأول لمسيرته السياسية يوم وقف إلى جانب الامام موسى الصدر يطالب للمحرومين بحق العدالة والمساواة..

كان جريئاً في مواجهته وعنيداً في مواقفه لأنه كان صادقاً مع نفسه ومع الآخرين..

رفض رئاسة الجمهورية على أثر اغتيال الرئيس الشهيد رينيه معوض بعد أن كاد يحقق إجماعاً نيابياً على تسميته للرئاسة الأولى، لأنه "لا يريد أن يلوث يديه بالدماء البريئة" على حد تعبيره..

كان بيار حلو المرشح أبداً لرئاسة الجمهورية منذ أن دخل المعترك السياسي. وأذكر أننا كنا نناديه بفخامة الرئيس منذ العام 1974 وكان يضحك كلما فعلنا..
مع غياب بيار حلو، يفقد لبنان وجهاً باسماً أحبه الجميع ومحاوراً صريحاً يعرف ماذا يريد دون لف أو دوران..

نذر حياته السياسية من أجل الوفاق الوطني ولم يبدّل بالمواقف للحصول على المواقع.
كان باختصار، في تعاطيه الانساني أو السياسي، رجل المواقف في زمن التسويات والمساومات..

هل تتحول الجامعة العربية
إلى منبر لتلاقي الشعوب العربية..؟

بتاريخ الثاني من تشرين الأول / أكتوبر 2003، وبدعوة من السيد محمود الفرنواني رئيس نادي النيل، التقى السيد عمرو موسى، الأمين العام لجامعة الدول العربية، مجموعات كبيرة من أبناء الجاليات العربية في أونتاريو ـ كندا، على عشاء تكريمي أقيم على شرفه في أحد فنادق مدينة تورنتو. وكان لي شرف التكلم في المناسبة باسم الجاليات العربية وتقديم الأمين العام إلى جمهور الحاضرين خلال السهرة بتكليف من اللجنة التنظيمية وقوامها عدد من رؤساء المنظمات العربية العاملة في أونتاريو.

2003/10/2

معالي الأمين العام لجامعة الدول العربية، السيد عمرو موسى
سيداتي سادتي.. أسعدتم مساءً،

يسرني لا بل يشرفني أن أقف اليوم لأقدم وقائع هذا اللقاء التاريخي.. لقاء الجالية العربية في تورنتو بأمين عام جامعة الدول العربية معالي السيد عمرو موسى.

وقبل البدء بفقرات البرنامج أستأذنكم لألقي باسمكم جميعاً، تحية وفاء وتقدير للمغفور له الدكتور إدوارد سعيد، المفكر والمناضل العربي الكبير، الذي غيّبه الموت الأسبوع الماضي بعد أن قضى عمراً مليئاً بالعطاء والنضال لتظهير قضية العرب الأولى، قضية "فلسطين"، وإعلاء شأن وكرامة الانسان العربي في سائر المحافل الدولية.. الرجاء الوقوف دقيقة صمت تحية لروحه الطاهرة.

معالي الأمين العام..

أشرت في مستهل كلمتي إلى لقاء اليوم بأنه حدث تاريخي.. لم أقصد المبالغة فيما أشرت إليه، وإنما لأنه قلما يزور الجاليات العربية في كندا، رئيس أو مسؤول عربي لتفقد أحوالها والوقوف على حاجاتها وتطلعاتها ومدى رغبتها في إقامة الجسور بينها وبين المواطنين المقيمين في الوطن الأم.

ومن أجل هذا، فإننا نرحب بك ضيفاً عزيزاً مرتين: مرة لأنك المسؤول العربي الذي يزور الجالية بعد طول انتظار.. ومرة ثانية لأنك محاط بإخوة وأخوات يتطلعون إليك بشوق وإعجاب ويتوقعون منك الكثير..

إن أحداث الحادي عشر من أيلول / سبتمبر شكلت محطة رئيسية ومنعطفاً أساسياً في حياة الجاليات العربية في بلاد الاغتراب وخاصة في كندا والولايات المتحدة الأميركية. فكان على هذه الجاليات أن تتنبه، أكثر من أي وقت مضى، لحقيقة ما يجري حولها من تحديات وتعديات في بعض الأحيان، لتدرك أهمية التضامن والتعاضد في مواجهة المرحلة وإثبات الوجود على الساحة

الاغترابية. ومن أجل هذا سعت المؤسسات العربية العاملة في تورنتو، ولا تزال، على مختلف جنسياتها ومذاهبها، على توضيح الرؤية وبلورة الموقف العربي الموحد في رد الاتهامات الباطلة من أجل تعزيز موقع الجالية داخل المجتمع الكندي وإعادة الثقة والطمأنينة إلى نفوس أبنائها..

ومن البديهي أن يكون للوطن الأم دور في عملية كهذه وموقف واضح يدعم الجاليات المغتربة في رد الهجمات عليها. لكن وللأسف، هذا ما لم يلمسه المواطن العربي المغترب طوال هذه المرحلة المستمرة وقد يكون الآتي أعظم.

منذ قيام جامعة الدول العربية بعد الحرب العالمية الثانية حتى يومنا هذا والانسان العربي، في الوطن كما في المهجر، يتطلع إلى الاتفاقات والمقررات والتوصيات التي اتخذتها الجامعة والرامية بجوهرها إلى تقريب الشعوب العربية بعضها من بعض وتوحيد الرؤية والجهود على الأصعدة كافة، من اجتماعية وسياسية وعسكرية وتجارية وقضائية. ومثال ذلك اتفاقية الدفاع العربي المشترك واتفاقية التعاون القضائي واتفاقية منطقة التجارة الحرة وغيرها من الاتفاقيات التي تفتح الحدود لتلاقي سائر الشعوب العربية على المصالح العليا المشتركة.

أضف إلى ذلك المقررات العديدة التي أصدرتها الجامعة في مناسبات مختلفة والتوصيات التي كانت تصدر بعد كل انعقاد للقمة وأهمها فيما يتعلق بالعدوان الاسرائيلي على الشعب الفلسطيني في الضفة الغربية وقطاع غزّة والعدوان الأميركي البريطاني المتكرر على العراق وخاصة الغزو الأخير الذي قامت به قوات الاحتلال منذ بضعة أشهر وقد سمي بـ "الحرب من أجل العراق". ونشير هنا إلى الادانة الواضحة التي جاءت في نص القرار الصادر عن مجلس الأمن بتاريخ 2003/3/24 الذي اعتبر العدوان تحدياً لكل القرارات الدولية حيث أن العراق هو عضو في هيئة الأمم المتحدة كما أنه

عضو في جامعة الدول العربية.. كذلك اعتبر القرار أن العدوان هو انتهاك لميثاق الأمم المتحدة ومبادىء القانون الدولي وخروج عن الشرعية الدولية وتهديد فاضح للأمن والسلم الدوليين. وقد جاء قرار الإدانة هذا بالاضافة إلى الاجماع الدولي على أن الحرب على العراق هو تحدٍ للرأي العام العالمي الذي يطالب بحل النزاعات الدولية، أياً كان شكلها، بالطرق السلمية والاحتكام إلى قرارات الشرعية الدولية..

معالي الأمين العام،
تزدحم الأسئلة والتساؤلات في ضمير كل إنسان عربي مؤمن وقد أخذ المصير العربي منحىً إلى المجهول بعد سقوط أوراق الأمم المتحدة القاصرة في قبضة الوصي القوي الممثل بالولايات المتحدة الأميركية. فهل في الأفق من بصيص نور يعيد الثقة والعزم إلى الأجيال العربية في إشراقة أمل جديد..؟
هل تصبح جامعة الدول العربية في عهدكم الميمون منبراً، ليس لتلاقي الأنظمة العربية، التي أثبتت عقمها وكبلت شعوبها في تجارب الماضي والحاضر، بل لتلاقي الشعوب العربية الطامحة للانعتاق من الكبت والتواقة إلى فضاء الحرية والسيادة..؟

الوفاق الوطني: وصية الشيخ الجليل!

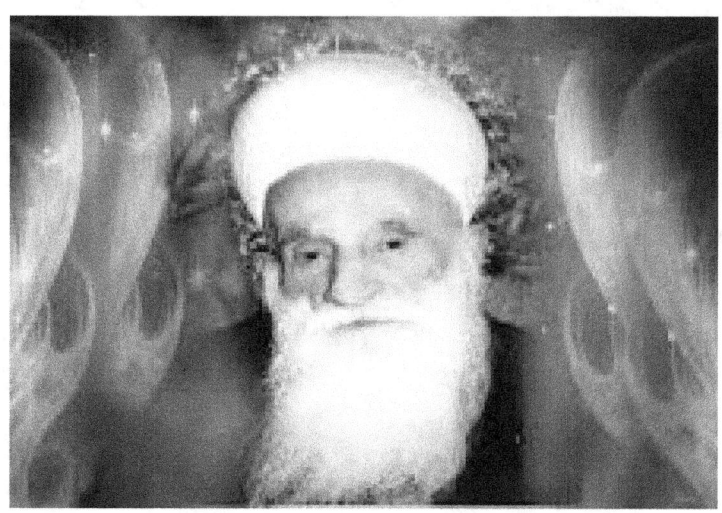

المغفور له سماحة الشيخ أبو حسن عارف حلاوي

2003/12/10

مهما قيل في شخصية الراحل الكبير المغفور له سماحة الشيخ أبو حسن عارف حلاوي، رئيس الهيئة الروحية العليا لطائفة المسلمين الموحدين، الذي غيّبه الموت بتاريخ السادس والعشرين من تشرين الثاني (نوفمبر) الماضي عن عمر قارب المائة وأربع سنوات، لن يكون في مستوى الرقي الروحاني الذي بلغه في استسلامه لصفاء

التوحيد حيث وجد منابعه في الإسلام كما في المسيحية وصولاً إلى وحدانية الله.

أما الحديث عن الشيخ الفاضل قد يطول ويطول. وإذا أجيز لنا أن نختصر فيه الكلام نقول أنه الغيث الذي أمطرته سماء الحقيقة، ولا غرابة إن دعوت نهجه ورسالته بسلوك الأخلاق. فكما للقومية والأدب سلوك فكذلك للأخلاق..

وعلى هدي سلوك الأخلاق هذا، شعر الشيخ الفاضل بمسؤولية إجلاء الحقيقة حول نشأة وتطور مذهب التوحيد الإسلامي، هذه الحقيقة التي غابت عن كثيرين وكادت أن تغيب عن فريق كبير من الموحدين أيضاً، حيث أدخل على شروحات العقيدة ما ليس منها وفيها، بهدف النيل منها وإقامة الشقاق السياسي بينها وبين سائر الفرق الإسلامية والمسيحية على حد سواء.

ولم تتوقف هواجس الشيخ أبو حسن عارف حلاوي عند حدود الهيئة الروحية وحسب، بل تعدّتها إلى ما يدور على صعيد الوطن من تمزّق وانحلال على امتداد قرن كامل من الزمن. فقد آلمه أن يكون شاهداً على معاناة شعبه من الفرقة والشرذمة، والرجعية والعمالة، والاغتصاب والإبادة:

من وعد بلفور.. إلى تنفيذ الوعد واغتصاب الحق والأرض على أيدي بني صهيون..

من معاهدة سايكس ـ بيكو.. إلى تنفيذ المعاهدة وتقسيم البلاد..
من اتفاقية كليمنصو ومؤتمر سان ريمون.. إلى تنفيذ الاتفاقية والعمل بتوصيات المؤتمر باقتسام البلاد والسيطرة عليها من قبل الشريكين المستعمرين الفرنسي والبريطاني.. وباستحداث نظام الوصاية على حقنا وأرضنا، تلك الأكذوبة التي أسموها آنذاك "الانتداب"..

وكان هدف المستعمر من كل ذلك تحقيق الغاية الكبرى في خلق ما يسمى بالتعددية الحضارية ضمن المجتمع الواحد لأنه السلاح

الأمضى لإلهاء الشعب عن نضاله من أجل وحدة أرضه وحقه في تقرير المصير..

لم تكن هذه الأكاذيب لتنطلي على شيخنا الجليل، الذي عايش الثورة السورية ومواقف قائدها سلطان الأطرش في العشرينات من القرن الماضي، بل زادته تنبّهاً لدوره الطليعي في مواجهة المؤامرات والتحديات المحدقة بالوطن والمواطن، فكان شديد التمسك بالوحدة الوطنية وداعياً مرشداً لرسالة العيش المشترك بين اللبنانيين خاصة بعد الأحداث الدامية التي شهدها لبنان. كان يطالب المراجع السياسية كافة بإقامة جسور التعاون بين بلدان العالم العربي للوقوف بوجه المد الصهيوني في المنطقة وحماية المقاومة الوطنية المشروعة. كما أنه كان في طليعة الدعاة لتحرير فلسطين من غير الدخول في المساومات والتسويات على حساب القضية وأرواح الشهداء الأبرار. حتى أنه طلب مقاطعة الموحدين الدروز الفلسطينيين الذين يتعاملون مع السلطة الإسرائيلية مشيداً بأخوتهم الذين رفضوا الخدمة والتجنيد الإجباري رغم تهديدات قوات الاحتلال المستمرة بالتنكيل بهم.

كان الشيخ الجليل مقصداً لكل المؤمنين، مسلمين ومسيحيين، يتباركون من طهارته وينهلون من براءته ويستقون من معرفته. وخير دليل على ذلك تلك الحشود التي أمّت بلدة الباروك لوداعه إلى مثواه الأخير، حيث جاء لبنان بكل طوائفه وفئاته السياسية والحزبية والاجتماعية وقد شكل هذا حدثاً وطنياً بارزاً، مذكراً بالمصالحة التاريخية التي حصلت في الجبل مع زيارة البطريرك صفير إلى المختارة. وإن دلّ هذا على شيء، فعلى الرغبة العارمة لدى اللبنانيين للمصالحة العامة والوفاق الوطني، علها تنضج وتعطي ثماراً ليهدأ بال شيخنا الجليل.

يرحل الشيخ حلاوي اليوم، تاركاً وراءه زاداً لكل راغب في الحياة: والحياة فرح أبدي إذا كانت عطاءً ومحبة، ومن لا يسير في مواكب الحياة فهو غريب شرود يسير من زوال إلى زوال، وما أتعس أن يتحسس الإنسان زواله، فهو كالميت غير المدفون..

فيا راحلنا الكبير...
نقف اليوم على مذبح شموخك وصمودك، وقفة الخاشع المتضرّع، لنستغر الله أولاً، ولنسألك العفو ثانياً لأننا خذلناك ولم نلبّ نداءك للوفاق في وقت عزّ فيه النداء.. أما فعل الندامة فلن نأتيه ذكراً عابراً بل عملاً مثمراً مستمراً..
عسى أن يقبل الله لنا توبةً بين التائبين.

❖

جورج حاوي.. الرمز الذي غاب

ألقيت هذه الكلمة بتاريخ 2005/8/2 في احتفال تأبيني ضخم أقيم للمغفور له جورج حاوي في تورنتو ـ كندا، في ذكرى الأربعين على استشهاده.

2005/8/2

من اغتال جورج حاوي.. بل لماذا يُغتال جورج حاوي؟

كلمات تتردد على كل شفة.. ولسان حال كل منا يقول: من سيكون التالي على لائحة الجناة.. وكيف يمكن لوطن تجتاحه رياح الموت والاذلال أن يتعافى فيشكل ضمانة وحماية لمواطنيه.. وكأني بالشهيد الكبير الذي لم يأبه لسطوة جلاديه المأجورين، ينضم مختاراً، وقد شدّه الشوق إلى قافلة العاشقين.. العاشقين تراب الوطن من أجل السيادة والحياة الكريمة.

لماذا يُنصب جورج حاوي هدفاً للقاتلين الجهلة.. وهو لم يحمل سلاحاً ولم يرم حتى بحجر؟
ألأنه آمن بشعبه الصابر على مذبح الشهوات والقهر والاستغلال.. أم لأنه بشّر بقدرة هذا الشعب على الصمود ليوم القيامة..
ألأنه كاتب البيان.. لعملية استشهادية ضد جنود الاحتلال عام 1982.. أم لأنه اختار العنوان الجريء، الذي كرسه أنطون سعادة، في وصف الصراع مع إسرائيل بالقول: إنه صراع وجود وليس صراع حدود.
ألأنه آمن بالحوار والاجتهاد والمرونة مدخلاً للتغيير.. أم لأنه ارتضى مد الجسور إلى الأنظمة القمعية السائدة في العالم العربي تمهيداً للانقضاض عليها..
ألأنه جاهر بفصل الدين عن الدولة ودعا إلى إقامة الدولة العلمانية على دعائم العدل والمساواة.. أم لأنه آمن بأن الانسان في لبنان ينتمي إلى وطن وليس إلى طائفة..
لأجل كل هذا وأكثر سقط جورج حاوي في قبضة الجلاد المتخفي تحت عباءة النظام الطائفي. هذا النظام الذي اختاره لنا المستعمر هدية معلبة عشية الاستقلال، ممنوع علينا العبث بها، لتكون سلوتنا الوحيدة في سجون الاستقلال المزيف الذي نقيم له الإجلال والإكبار في كل مناسبة..

هذا النظام الذي نلعنه ونعشقه في آن معا. نلعنه بأقوالنا ونعشقه بأفعالنا.. ونصدّق بجهالتنا أننا تخطينا مرحلة الطائفية والهمجية، فننزل إلى ساحة الحرية في الرابع عشر من آذار، لنقرع الطبول ونصمّ الآذان بالأناشيد الوطنية إيذاناً بالانتفاضة من أجل التغيير والاصلاح والديمقراطية.. ونعجب بعد حين عندما تعلن نتائج الانتخابات، أننا أعدنا بأيدينا رموز النظام الطائفيين إلى قواعدهم سالمين.. فسلام على الحرية وسلام على العلمانية وألف سلام على الديمقراطية..

ما يحدث على أرض لبنان ليس بالجديد أو المتجدد.. ولا هو بالفريد أو المنفرد.. شأنه شأن ما يحدث في سائر كيانات المشرق العربي حيث اعتاد زعماؤها الطائفيون على طأطأة الرأس للغرب وتنفيذ إرادته على حساب الكرامة الوطنية. وكأن عقداً أو تعاقداً قائماً بين الاستعمار ورموز الطوائف في زمن الاستقلال، يقضي بالاقتصاص من أعداء الطائفية والإبقاء على التخلف والرجعية. فمنذ اغتيال أنطون سعادة عام 1949 إلى اغتيال كمال جنبلاط عام 1977 وجورج حاوي اليوم، الأشكال والأسماء تتبدل أما المجرم فواحد.. ليتهم كانوا يعلمون..

الويل لأمة تشرّع صدرها للغزاة المعتدين وتحفر بجهلها طوعاً قبور أبطالها المناضلين..

لم تمتد يد الغدر إلى الشهيد المناضل لأنه قاتل أو حاور أو عاند.. وإنما لكونه يحمل فكراً متحرراً قد يشكل خطراً على النظام الطائفي السائد. لقد اغتيل جورج حاوي، هذا الرمز الذي غاب، ليس لما حقق في مسيرته السياسية والنضالية حتى الآن وإنما تخوفاً مما قد سيحققه مستقبلاً بنهجه المتطور.. فعبثاً نفتش عن الجناة أو نصوّب أصابع الاتهام شزراً وافتراضاً.. إن الجناة مكشوفون لأنهم يسكنون في داخل كل منا. فإن لم نقتلع تلك السموم من جذورها، لن نقوى على التغيير. ليت أننا ندرك كما أدرك الشهيد أن النظام الفاسد لا يمكن أن ينتج صلاحاً أو إصلاحاً..

ونسأل من ولماذا وكيف.. لم يعد هناك ما يوجب السؤال.. كلمات قليلة تختصر سيرة المناضل الكبير: أنه العاشق للحياة أبداً حتى الشهادة.. من دون أن يبلغ نهاية..!

عمر الغبرا يخرج منتصراً..

2006/2/2

لمن حسن الحظ والمفارقة الكبيرة أن يخرج عمر الغبرا منتصراً في الإنتخابات الفدرالية الأخيرة في وقت خسر حزبه الليبرالي مقاعد كثيرة لصالح حزب المحافظين.. مبروك للصديق عمر الغبرا ومبروك للجالية العربية بفوز عمر. نقولها بالفم الملآن وبارتياح كلي كمن أزاح عن ظهره حملاً ثقيلاً، بعد أن تمكن عمر من عبور الحواجز وحقول الألغام التي زرعت على طريقه خلال فترة الحملة الإنتخابية والتي استمرت لمدة خمسة أسابيع.

وقبل الدخول في تفاصيل الحواجز التي كان على عمر اجتيازها خلال الانتخابات، لا بد من الإشارة إلى الحاجز الأساسي الأول الذي وضع بوجهه من قبل بعض أبناء الجالية العربية قبل حصوله على ترشيح الحزب الليبرالي في دائرة مسيساغا ـ إيرنديل. فقد أثار تقدم

عمر لخوض الانتخابات حفيظة البعض وحرك فيهم الرغبة ليحلوا مكانه لمجرد تردد اسمه في المنتديات الاجتماعية والسياسية ولسان حال كل منهم يقول: لماذا عمر الغبرا.. لماذا لا أكون أنا..؟ والغريب في الأمر أن الحماس قد تفجر مرة واحدة في نفوس هؤلاء وراحوا يروّجون على أنهم من المرشحين المحتملين للانتخابات التي عينت بعد شهرين من تاريخه. وبصراحة فقد تلقينا الأمر بشيء من الاستغراب بالرغم أنه لا تمييز لدينا (نحن المتعاطون بالشأن العام) بين مرشح وآخر. قد نطمح لأن يكون لنا مرشح من أبناء الجالية في كل دائرة من الدوائر الانتخابية ولكن شرط أن يكون المرشح مؤهلاً للمنصب إلى جانب أن تكون الظروف الراهنة مؤاتية لتخدم رغبته. وهذا يعني أن يكون متمرساً بالعمل الحزبي وقد سبق أن تسلم بعض المهام فيه، أو ناشطاً في المجال العام بحيث تكون لديه المعرفة والخبرة في الأداء السياسي ضمن النظام المعمول به في كندا.

ومن دون أي إحراج، طلبنا من الراغبين في الترشح المعنيين (وبلغ عددهم الأربعة) الخضوع طوعياً إلى مناظرة تجرى بحضور شخصيات وممثلين عن المؤسسات العربية والخروج بعدها بمرشح واحد يدعمه الجميع. وهذا ما حصل بالفعل وقد فاز بالمناظرة السيد عمر الغبرا. وهنا لا بد لي من ملاحظة أبديها في هذا المجال وهي أن فوز عمر الغبرا لم يتحقق لنقص أو ضعف في شخصية الآخرين، وإنما لكونه عنصراً حزبياً مضى على تمرسه في العمل الحزبي والسياسي، عدد من السنين ساعده في التقدم على زملائه، وهنا يكمن بيت القصيد. إن العمل السياسي لا يتحقق بالصدفة، والمناصب لا تؤخذ بمجرد التمني.

كانت هذه، الخطوة الأولى للصديق عمر الغبرا على طريق أوتاوا المليئة بالحواجز والأشواك.. أما العقبات التي كان على عمر اجتيازها في دائرة مسيساغا - إيريندل الإنتخابية فكانت متعددة:

أولاً: التقصير الفادح للحزب الليبرالي بشكل عام في إدارة العملية الإنتخابية مقابل الحملة المنظمة التي أعدها حزب المحافظين لمواجهة الليبراليين في كل مكان.

ثانياً: عدم تعزيز الماكينة الإنتخابية في دائرة مسيساغا - إيرنديل تحديداً باعتبار أنها مضمونة للحزب الليبرالي والدليل على ذلك فوز كارولين باريش في الدائرة ذاتها لدورات متتالية في السابق.

ثالثاً: رغبة بول مارتن الحقيقية بأن يكون النائب عن هذه الدائرة صديقه تشارلز سوزا وليس عمر الغبرا. وقد بدا ذلك واضحاً قبل إعلان فوز عمر بالتسمية ليكون مرشح الحزب، حيث وقفت كارولين باريش، على باب القاعة، تجيّر معارفها وصداقاتها إلى تشارلز سوزا بالرغم من صداقتها المزعومة للجالية العربية (علّها تحظى برضى ورعاية رئيس الحزب آنذاك، بول مارتن، الذي كان قد أسقطها من حساباته) على مرأى ومسمع من جميع الأخوة العرب الذين لم يفهموا من هذه الحركة سوى أنها "لعبة الديمقراطية". وبالتالي من الطبيعي ألا تعمل باريش أو من حولها على دعم عمر الغبرا ومع الأسف هذا ما لا يريد أن يصدّقه البعض من أبناء جاليتنا الكريمة.

رابعاً: الهجمة الإعلامية التي رافقت حملة عمر الإنتخابية والتي شنتها مؤسسة خيرية، معروفة بتأييدها للسياسة الإسرائيلية تدعى "التحالف الكندي من أجل الديمقراطية". وتبين أن الهدف من الهجمة كان النيل من سمعته وتحريض المسيحيين، من عرب وغير عرب في دائرته الإنتخابية، على العمل ضده، وقد ادعت أن عمر أعلن عن نفسه مرشحاً عن المسلمين في الكلمة التي ألقاها في الجموع بعد فوزه بالتسمية. ونشير هنا إلى أن وقائع التسمية بتاريخ الأول

من ديسمبر 2005 كانت مسجلة بكاملها من قبل تلفزيون "روجرز" وبحضور عدد من الصحف الكندية والإثنية. ومن الواضح أن شيئاً مما تدعيه "المؤسسة الخيرية" غير وارد على الإطلاق وهذا ما يكشف صراحة الكذب والافتراء الرخيصين اللذين تستخدمهما المؤسسة لأهداف باتت مكشوفة للجميع، حتى أنه بلغ فيها التطرف إلى اعتبار دور المسلمين كالنازيين في انخراطهم بالديمقراطية الكندية.

وعلى أثر هذه الهجمة الشرسة، قدم الغبرا دعوى ضد "المؤسسة الخيرية" متحدياً كل من يستطيع تقديم إثبات على أنه ربط بين السياسة والدين مما اضطر هذه الأخيرة لإصدار بيان صحفي تضمن اعتذاراً على الإدعاءات المغلوطة التي أطلقتها.

أثبت عمر الغبرا في مواجهة الهجمة هذه أنه لا يتخلى عن ثوابته أياً كانت الضغوطات. لقد عرفناه رئيساً للإتحاد العربي الكندي، فإن يغضب فهو لا يعرف الحقد وإن طالب بالحق فهو لا يتجه إلى الصدامية والتطرف.

خامساً: عدم اهتمام الجاليات العربية في الدائرة بالقدر الكافي من حيث الإلتزام والدعم وإثبات الحضور مع التأكيد والتنويه بجهود الكثيرين ودعمهم المادي والمعنوي.

هذه الحواجز مجتمعة شكلت تحديات كبرى كان على عمر الغبرا أن يواجهها بكثير من الجد والكد والصبر. وبغير هذه المواصفات

لم يكن من الممكن أن يعلو على الصغائر ليثبِّت الأقدام باتجاه الدور الذي ينتظره.. تجربة تجعلنا نتوقف عندها لنؤكد لأنفسنا وللمشككين من أبناء الجالية العربية، أن الطريق إلى أوتاوا سالكة للراغبين فيها على أن يعدوا العدة قبل الانطلاق إليها..

بقي علينا ألا نهمل القيام بدورنا حيث أن الإنتخاب حق كما هو واجب ولا أظنن أحداً راغباً في التخلي عن حقوقه أو عدم القيام بواجباته.. أضف إلى الأسباب الموجبة ذلك التحدي الذي يواجهنا به أعداء العرب. فعندما أطلقت التهم بوجه عمر الغبرا، لم يكن عمر مقصوداً بشخصه وإنما بما يمثل ومن يمثل.. فهل نكون على مستوى التحدي..؟

كتاب مفتوح إلى فخامة الرئيس إميل لحود

فخامة العماد إميل لحود، رئيس الجمهورية اللبنانية

2006/3/3

يشرفني أن أخاطبكم من على هذا المنبر الحر المتواضع، منبر "الجالية" من وراء البحار البعيدة، آملاً أن أوفق في نقل رسالتي، التي يشاركني فيها الآلاف من اللبنانيين المنتشرين في العالم والتواقين إلى يوم العودة في يوم السلام، علها تجد كلماتي طريقها إلى فخامتكم في زحمة الرسائل والخطابات التي تتوجه إليكم في هذه المرحلة من تاريخ لبنان..

وأود قبل الدخول في التفاصيل أن أتوقف قليلاً عند ما سمي بالجمهورية الثانية أي لبنان ما بعد "الطائف" حيث قيل أنه توافق بين اللبنانيين على وقف الحرب الأهلية والعمل، كل من موقعه، على تطبيق بنود "الاتفاق" ليصبح بمثابة الدستور الجديد للبلاد اعتباراً من العام 1989، هذا الاتفاق الذي كان ولا يزال محوراً

أساسياً لجميع السياسيين في لبنان أو قل "الكتاب السماوي" المنزل الذي لا يجوز مسه أو إلغاؤه أو حتى التعديل في بنوده..
وهنا أسأل الجميع، والمتمسكين باتفاقية الطائف خاصة، ماذا حققتم من بنود هذه الاتفاقية.. لا شيء بالطبع، وحتى قرار وقف الحرب (الذي شكل البند الأول منها) لم يكن قراركم بل قرار من كان يمدكم بالسلاح وتوقف، فاضطركم إلى الخضوع والتوقيع على الاتفاقية..؟

نصت الاتفاقية على أن يتولى الجيش السوري في لبنان مهمة الأمن لفترة سنتين ثم ينسحب تدريجياً بعد تسليم الأمر للجيش اللبناني. ولم يخرج بالطبع إلا بعد مرور خمس عشرة سنة وبموجب القرار الدولي 1559 وليس بموجب إتفاقية الطائف..

ولحظت الاتفاقية أيضاً نزع السلاح من سائر الأفرقاء والعمل على بناء المؤسسة العسكرية (الدفاعية والأمنية) بحيث تصبح مؤسسةً قادرة على الدفاع عن أمن الوطن والمواطن. فلم تثبت هذه المؤسسة جدارتها وقدرتها على حماية لبنان، وبالتالي كان أمن الوطن مشرّعاً وأمن المواطن معدوماً ولا داع لترداد ما حصل قبل العام 2005 من قمع وترهيب وتهجير لشباب لبنان الذين أقعدتهم الشعارات البراقة الرنانة، والمسلسل الارهابي الذي تواصلت فصوله خلال العام 2005 منذ محاولة اغتيال الوزير مروان حمادة حتى اغتيال النائب جبران تويني مروراً باغتيال الرئيس رفيق الحريري وغيره من اللبنانيين..

كذلك نصت الاتفاقية على أن تقوم الدولة في لبنان بمراعاة التوازن مناصفةً بين المسيحيين والمسلمين إلى أن يتم إلغاء الطائفية السياسية في وقت لاحق. وما حصل هو أن تكرست الطائفية أكثر مما كانت عليه في السابق، في وقت يتحدث الجميع بلغة "تعايش الطوائف"

و"الديمقراطية التوافقية"، هذا النوع من الديمقراطية الذي لا وجود له إطلاقاً في قواميس المنطق أو القانون.. إنها بكل اختصار بدعة لبنانية يعمل تحت سقفها الجميع للمحافظة على المكونات الطائفية والنظام الطائفي الذي يتمسكون به. و"الديمقراطية التوافقية" هي أشبه بـ "العقد الإجتماعي" الذي تحدث عنه جان جاك روسو والقائم (بحسب تصوره) بين مختلف شرائح المجتمع بينما هو قائم في لبنان بين مختلف زعماء الطوائف وعلى حساب شرائح المجتمع..

ففي استعراض لفترة رئاستكم الأولى وما انقضى من الولاية الممدة، لم تتمكنوا يا فخامة الرئيس، لسبب أو لآخر، من أداء مهمتكم على النحو الذي ترغبون. فلم تنجحوا في تطبيق إتفاقية الطائف رغم تمسك الجميع بها. ولا أقمتم الدولة ولا المؤسسات التي كنتم تطمحون إليها. ولا استطعتم حماية الحريات أو تثبيت الديمقراطية الحقيقية، ولم تتمكنوا بالتالي من تحقيق أمن الوطن والمواطن ووصلنا إلى ما وصلنا إليه من تفجيرات واغتيالات وتعديات. وبالاضافة إلى كل هذا، فرزت على الأرض مجموعة كبيرة تطالب بتنحيكم عن كرسي الرئاسة بغض النظر عمّ إذا كانت على حق أو باطل، بآلية دستورية أو غير دستورية. يكفي أنكم فقدتم الاجماع الوطني حول دوركم الرئاسي وبقي عليكم أن تكسبوا الاحترام الوطني لشخصكم الكريم.

لذلك.. نأمل أن تترفعوا عن الصغائر برفض الاستمرار في أجواء التشنج والتشكيك والافتراء المخيمة على ساحة الوطن والتنحي عن كرسي الرئاسة "لمن يهمه الأمر".. يكفيكم فخراً أنه تم تحرير الوطن من العدو الاسرائيلي بعهد فخامتكم وأنكم لن تشاركوا بعد اليوم بلعبة الطائفية التي تؤخر حركة النهضة في البلاد. وهكذا ستضيفون بنداً على جدول أعمال جلسات الحوار الدائرة حالياً في أروقة المجلس

النيابي، علّه يشكل المدخل لتلاقي المكونات السياسية كافة، فيعمل الجميع بجهود واحدة على "تأسيس وإعلان الدولة الجديدة" - الجمهورية الثالثة ربما - ودمتم سنداً لعز لبنان ودوامه..

❖

أو ليس الأنبياء من جنس البشر..؟

كلمة في الأخ الأكبر الشاعر والباحث الصوفي، المغفور له المحامي عارف يوسف الأعور لمناسبة انتقاله إلى جنة الخلد بتاريخ 17 حزيران 2007.

2007/7/16

كالبريق المتوهج، يسطع نور الحق في قلوب المؤمنين ليملأها صفاءً ونقاءً..
وكالظلّ اللطيف، يعبر في الحياة من تسامى على حدود المادة، بترّفع عن مباهج الدنيا وثبات في استشراق الله..
قليلون هم الذين أفلتوا من كثافة الجسد وحواسه الخمس القاصرة، فخرجوا منه إلى فضاء من نور تسطع فيه الحقيقة في وحدانيتها

الأزلية، حيث لا زمان ولا مكان، ولا ليل ولا نهار وقد انحلت واندثرت كل الحقائق النسبية مع حركة الكون والفساد..
سعداء هم الذين عرفوا أسرار الكون وحكمة الباري تعالى واهتدوا بالحق لأنفسهم، بالإيمان والزهد والترّفع، كما جاء في قوله تعالى: "إنا أنزلنا عليك الكتاب بالحقّ ۝ فمن اهتدى فلنفسه ومن ضلّ فإنما ضلّ عليها".

كلماتٌ مهما كثرت، لا يمكنها أن توصف شخصية الحبيب الذي "هوى" إلى "العلاء".. هو الساعي إلى كمال الله وجواره الدافئة و**"العارفُ"** المؤمنُ بما غاب عنه الكثيرون..
هو واحد من هؤلاء العارفين الزاهدين الذين وطّنوا صدورهم على الحكمة والايمان، والمحبة والتسامح، فكان متحرراً من قيود الدنيا ومستسلماً لصفاء التوحيد الذي وجد منابعه في الاسلام كما في المسيحية وصولاً إلى وحدانية الله..
وكأني بالعارف الزاهد الذي لم يهدأ له بال طوال سني عمره، قد أمضى الحياة عبداً لمجهول لم يدركه، وفريسةً لطموح لم يبلغه.. وكأن سبعة ونيّف من عقود الزمن لا تتسع لشعلة متأججة كي تكمل دورتها وتبلغ الهدف والمنتهى. إلا أن **العارفَ** "كان يعمل لآخرته كأنه يموت غداً، ولدنياه كأنه يعيش أبدا.."
واجه الحياة بإرادة مثابر وتحدى الجهل بتصميم قادر... وسلاحه في الصراع كان واحداً: ابتسامة واثقة، تشق عباب الصعاب وتنتصر..

ماذا أقول فيك يا **"عارفاً"** ترحل اليوم إلى العلاء.. بل ماذا عساي أقول يا واحداً من الأعزاء الأعزاء..؟
كنت أصغي إليك بالأمس، كما أصغى إليك الكثيرون ممن عرفوك، تحدّث عن تجربة السنوات الطويلة بأنفاس ممزوجة بالحزن والفرح، باليأس والأمل، بالغضب والتسامح.. وتعود كعادتك في كل مرة،

إلى الهدوء والابتسام والتفاؤل بالخير وإلى تكبير الله عزّ وجلّ واستغفاره. وكان يزيدني هذا اقتناعاً بما عرفته فيك وعنك: فلا المديح يغرّ بك ولا الذم يثنيك عما أنت عليه عازم.. إنها أصالة الرجال الذين يعشقون الكرامة..

وبالأمس ضاق صدرك بطموحات وهواجس الأمة التي تريد لأحلامها أن تتحقق ولإبداعها أن يظهر ولتفوقها أن يسود.. فسعيت بحضورك وقلمك وسخاء عطائك لتثبت لكل المشككين أن بلوغ الهدف يبدأ بالخطوة الثابتة الواعية..

ماذا أقول اليوم يا حبيباً وقد شدك الرحيل إلى جوار المؤمنين..؟ لغير الحب ما خفق قلبك.. ولغير العز ما رفّ جناحك.. ولغير الموت ما طأطأت الرأس وقد أيقنت بأن الموت هو الحق.. وأن الحق هو القضاء الذي لا بد منه.. فهنيئاً لك حيث حللت في نعيم الله وجناته الواسعة. "من علم وعمل، فهذا يدعى عظيماً في ملكوت السماوات". جاء إلينا كالأنبياء يحمل رسالةً في الحب ويحدّث بعينين ذابلتين تطفحان بالحنان. فكأني به داعياً للمحبة والغفران إذ يقول: لا تصرفنّكم الصغائر عن الكبائر ولا عود الثقاب عن المنائر! فمن بلغ درب المحبة، فهو قريب لكل عابر وحبيب لكل مسافر.. أحِبوا بعضكم بعضاً وتلاقوا، ففي تلاقيكم تتلاشى الآلام والمسافات..

فلا أبالغُ القول.. ولا يستغربنّ أحدٌ إن قلتُ في **"عارفَ"** داعياً أو نبياً مرسلاً شأنه شأن القدر...! أوَليس الرسل والأنبياء من جنس البشر..؟؟

مع كلوفيس مقصود.. ودردشة قبيل السفر!

2007/09/12

قضينا وقتاً ممتعاً للغاية برفقة الصديق الدكتور كلوفيس مقصود خلال إقامته القصيرة في تورنتو الأسبوع الماضي، وكان قد حضر خصيصاً من واشنطن ليحل متكلماً رئيسياً وضيفاً على "الندوة" التي أقامتها الشبكة العربية الكندية طوال يوم السبت في 25 آب 2007. وصادف وصوله إلى تورنتو الخميس في 23 آب، يوم صدور جريدة "المستقبل" المنشور فيها مقال لي بعنوان: "باتجاه تمديد الأزمة اللبنانية". فقرأ المقال وأعجب بالتحليل الذي أوردته حول الاستحقاق الرئاسي في لبنان حيث أشرت إلى أن ميشال سليمان سيكون الرئيس المقبل للجمهورية، في وقت لم يكن مطروحاً اسمه بعد. وعلق د. مقصود على التحليل موافقاً ومؤكداً على أن توافق الأفرقاء اللبنانيين على العماد ميشال سليمان قد يكون الخيار الحكيم الأمثل لانقاذ لبنان من الأزمة الراهنة التي إذا ما استمرت ستجر لبنان حتماً إلى المجهول..

وصباح يوم الأحد، قبيل مغادرة الدكتور مقصود بقليل، وفي جلسة هادئة في قاعة مطار تورنتو بحضور د. عاطف قبرصي ود. بشير أبو الحسن، وكان الحديث دائراً حول الاستحقاق الرئاسي القادم، سألته قائلاً: إن لم يكن ميشال سليمان، فمن هو برأيك الرئيس القادر على إدارة الأزمة اللبنانية والخروج منها بحلول ترضي جميع الأطراف، بعد أن ازدادت حدة وتعقيداً..؟

ولم يكن سؤالي هذا لمجرد التسلية وقتل الوقت بانتظار موعد إقلاع الطائرة التي ستقل الدكتور كلوفيس مقصود في طريق عودته إلى واشنطن، وإنما ليقيني بأن د. مقصود هو أفضل من يجيب على هذا

السؤال لما خبرته في الرجل، كغيري ممن عرفوه، من سعة في المعرفة وعمق في الاتزان، سواء في تحليلاته السياسية أو اجتهاداته القانونية أو في أسلوبه الدبلوماسي المرن، وله في هذه المجالات جميعها الباع الطويل.. وإذا أجيز لي يوماً أن أذكر في الرجل كلمة حق، سأقول باختصار: "إنه المعدن الأصيل النادر في زمن الاستعارة والزيف.."

لم يتردد بالاجابة على سؤالي، بل نظر إليّ وقال: " لدى الموارنة في لبنان، خمسة مؤهلين فقط لإدارة هذه الأزمة ولكن مع الأسف، لكل منهم ما يعيقه عن الوصول إلى سدة الرئاسة.." وقبل أن يتابع كلامه، ابتسم ونظر إليّ وكأنه ينتظر تعليقاً على الموضوع. غير أنني لازمت الهدوء واسترقيت السمع، فتابع: " الأول هو وزير العدل شارل رزق، لكنه أخطأ "بتكويعه" 360 درجة عن الرئيس لحود. والثاني هو الوزير الأسبق جورج قرم الذي فقد الحظ لكونه فشل في فك ارتباطه الوثيق بالرئيس إميل لحود. والثالث هو النائب السابق نسيب لحود، ومشكلة هذا الأخير أنه لم يتمكن من الابتعاد قيد أنملة عن أجواء 14 آذار. والرابع هو النائب بطرس حرب، أكثر المستوعبين لأصول اللعبة، لكن عيبه أنه محامي الدفاع في قضية بنك المدينة. أما الخامس فهو "الداعي إليكم بطول العمر" بشرط واحد لا غير: لو كان بالامكان العودة عشر سنوات إلى الوراء".. قالها بشيء من الجدية الممزوجة بالمزاح. والجدير بالذكر أن الدكتور كلوفيس، سيبلغ الثمانين من العمر مع حلول العام 2008، ندعو له بدوام العافية والعمر الطويل..

كنت أصغي بكثير من الاهتمام إلى ما كان يحدّث به الدكتور مقصود. ومن دون أن أستفسر عن التفاصيل، رحت أحلم لو أنه يتحقق فعلاً اعتلاء هذا الرجل سدة الرئاسة الأولى، فيعبر بلبنان -

وهو ابن الطائفة المارونية صاحبة الامتياز بالرئاسة الأولى ـ من نظامه الطائفي المتخلف إلى النظام المدني الديمقراطي. ولكنني سرعان ما توقفت عن "الهذيان" واستبعدت الفكرة لأن من كان بمواصفات كلوفيس مقصود الأخلاقية، وبمثل عطاءاته الفكرية والأدبية والنضالية، "لا يصلح" رئيساً للجمهورية اللبنانية..

د. كلوفيس مقصود لدى زيارته إلى تورنتو متوسطاً ريما وبشير أبو الحسن إلى يساره وفادية وخالد حميدان إلى يمينه.

عبد اللّه القبرصي:
سيّد الأمناء .. وآخر الصحابة..!

ألقيت هذه الكلمة في تورنتو بتاريخ 21 تشرين الأول 2007 في مهرجان تأبين الأمين عبد الله قبرصي والد الصديق د. عاطف قبرصي، الذي غيبه الموت بتاريخ 6 تشرين الأول 2007 في الوطن، عن عمر ناهز المئة عام (1909 - 2007) كرسها مصارعاً من أجل أمته وكرامتها.

ترحل اليوم، يا سيد الأمناء
وآخر الصحابة..

ترحل اليوم، يا حاملاً على منكبيك
تاريخَ أمة..

في عشقها وصراعها..
في إبداعها وانتصارها.

يا عاشقاً أضناك الشوقُ رغبةً
إلى قهر الموت
فازدِدت عزمًا وهِمة..
آمنت بالنصر واثقاً
فكنت للنصر تتمة..!

يا سيد الأمناء وآخر الصحابة..
يا علماً على جبين البقاء تحيةً..
تحية لعنادك بوجه ترددنا
يوم خذلناك وأنكرناك..
يوم استسلمنا لإغراء السلام
وشنف أذانَنا شدو الحمام..

يوم ألقينا البندقية
لنصافح يداً همجية..
يوم قتلنا بأيدينا طفل الحجارةِ
ذلك الأمل الذي أطل مع الفجر الجديد،
ليعلنَ يوم القيامةِ
ويعيدَ لنا عزّ الكرامة..

تحية لصمودك أمام انهزامنا
يوم تراىء لك

أننا الجنود المؤمنون..
المنتشرون على أرض الوطن
وتحت كل سماء..
وأننا العاشقون
لهذه الأرض بخشوع المصلين،
كما أنت..
بما يشبه العبادة..!

في يوم الحقيقة هذا
يحلو التأمل والاستغفار
كما يحلو الاعتراف
بأنك المعلم والمثال:
في صمودك بوجه الشدائد
وتمردك على الفتن..
في صراعك للتخلف
وتحديك للمحن..
وفي إيمانك بالنصر الآتي لا محالةَ
بسواعدَ "أجيالٍ لم تولدْ بعد"..

المعذرة والمغفرة يا سيدي أسألك:
هل ينفع في ذنوبنا الغفران..؟

لن أستسلم للخوف بعد اليوم
وقد عزمت السير
على طريق النور والفداء..

وسأنادي على الأحرار في كل دار
لنلبي نداءك للانتصار.

وسنرفع معاً راية القضية..
وسأخشع مع الخاشعين
وأهتف مع الهاتفين
وأردد مع المرددين: فلنحفظ الوصية..!

يا ضياءً يلمع فوق المنائر..
ودوياً يعتلي كل المنابر
حباً وثورةً ووجداناً..
في شعلة النهضة هاجسه
وفي مناقبية الثائر الخالد عرفاناً..

ما غرّ بك شأن ولا غاية
وما أحنيت الرأسَ
لغير العشق وِداداً..
فاهنأ أينما حللت سيدي
فنارك ليست رماداً..

هنيئاً لك أيها الأمين الأمين..
يا سيد الأمناء.. وآخر الصحابة..!

جورج حبش.. نضال من عمر النكبة..!

ألقيت هذه الكلمة بتاريخ 23 شباط 2008، في مهرجان تأبيني كبير أقامه البيت الفلسطيني في تورنتو ـ كندا، لوداع المناضل الراحل الدكتور جورج حبش، الأمين العام للجبهة الشعبية لتحرير فلسطين، الذي وافته المنية في عمان ـ الأردن بتاريخ 27 كانون الثاني 2008.

يرحل جورج حبش اليوم بعد أن أمضى ستين عاماً في كفاح لم يعرف هوادة.. فمنذ العام 1948 تاريخ وقوع النكبة وهو يتصدى بأشكال مختلفة، لعدو غاصب شرس بأمل أن يعيد للأرض المقدسة بعض بريقها..

جورج حبش، وقد اقترن اسمه باسم فلسطين منذ العام 48.. هو نضال من عمر النكبة..!!

لم يتنبه الفلسطينيون ومعهم شعبنا في سائر المشرق العربي لخطورة الوعد الذي أصدره بلفور في العام 1917 إلى يهود العالم بإقامة الدولة اليهودية على أرض فلسطين، كما أنهم لم يتنبهوا للكيانات المبتورة التي خرجت من تقسيمات معاهدة سايكس ـ بيكو، إلا بعد أن نُفذت المؤامرة باغتصاب الأرض وإحكام السيطرة عليها.
ففي نص المعاهدة والمتعلقة بتقسيم الأرض وتوزيعها إلى مناطق نفوذ بريطانية ـ فرنسية، ورد فيما يخص فلسطين وأماكنها المقدسة بأن تكون خارجة عن السلطة التركية وتحت إدارة خاصة بإشراف بريطاني. كما ورد في أن تكون سهول كيليكيا، الواقعة في الجزء الشمالي من سورية، منطقة دولية محايدة بإشراف فرنسي. وهكذا نجح اليهود في اغتصاب الأرض الفلسطينية بتسهيل من البريطانيين كما نجح الأتراك في الاستيلاء على كيليكيا بالتواطؤ مع الفرنسيين الذين كانوا يقاومنون هناك فلول الجيش التركي المتراجعة أمام قوات الحلفاء.

وفي العودة إلى العشرينات والثلاثينات من القرن الماضي، نتبين أنه بالرغم من حالة الفوضى الفكرية والسياسية التي كانت تعم المشرق العربي من جراء غياب النهضة الاجتماعية، قامت بعض الحركات الوطنية تندد باتفاقية سايكس ـ بيكو وتحذر من وعد بلفور ومن الويلات التي ستحل بالبلاد من جرائهما.
فإذا ما نظرنا إلى الواقع المتردي الذي يعيشه "المشرق العربي" اليوم، بجميع كياناته، يتبين لنا كيف تتكرر المعاناة منذ مطلع القرن العشرين وحتى أيامنا هذه وإن اتخذت أشكالاً مختلفة. ولا يُخفى كيف أن الولايات المتحدة الأميركية وحليفتها إسرائيل، تعملان اليوم على رسم اتفاقية "سايكس ـ بيكو" جديدة لشرذمة المنطقة مرة ثانية، في محاولة لمحو الذاكرة القومية وتغليب ثقافة الطائفية والقبلية على ثقافة الوطن.

هذا الواقع المؤلم الذي عانى منه شعبنا، على امتداد القرن العشرين، ولا يزال، لم يكن خافياً على القائد الراحل الذي اتخذ منحىً فكرياً وعسكرياً مختلفاً في مقاومته للعدو الصهيوني وقد تجلى في نقاط أساسية ثلاث:

أولاً: بالنسبة للنضال الفلسطيني بشكل عام، فقد اعتبره "الحكيم" مسؤولية قومية أكثر منها فلسطينية ذلك أن المشروع الصهيوني هو مشروع استيطاني توسعي لا يستهدف الأرض الفلسطينية فحسب، بل يستهدف الوجود العربي بكامله (أو ما تطاله أيديهم). وانطلاقاً من إيمانه الراسخ بقومية القضية، أسس في مطلع الخمسينات حركة القوميين العرب قبل أن يؤسس الجبهة الشعبية لتحرير فلسطين في العام 1967.

ثانياً: بالنسبة لاتفاقية أوسلو التي نصت على قيام دولتين جارتين، ظل يؤكد جورج حبش حتى الرمق الأخير، أن الدولة الفلسطينية ستكون في الواقع بلا سيادة على حدودها ومواردها الطبيعية وخاصة المياه، وليس لها الحق في تعزيز قواها الدفاعية، أو المس بجوهر المشاريع الاستيطانية الصهيونية. وحول هذا الموضوع يقول في مقابلة صحفية نشرت له مؤخراً: "هذه الدولة ستكون، في أكثر الحالات تفاؤلاً، مجرد مناطق أو معازلَ ملحقة بالاقتصاد "الاسرائيلي"، وجسراً للسلع والثقافة "الاسرائيلية"، أي أنها دولة بلا مكونات ومضامين وتتعارض مع حق تقرير المصير وعودة اللاجئين وإقامة الدولة الفلسطينية المستقلة وعاصمتها القدس".

ثالثاً: يعتقد جورج حبش بأنه لم تكن هناك مواجهة شعبية شاملة مع العدو إلى أن نضجت الظروف داخل الأراضي المحتلة وتبلورت مع انفجار الانتفاضة الأولى عام 1987 والانتفاضة الثانية عام 2000 إذ يقول: "لدى استعراضنا لمسيرة الثورة الفلسطينية منذ انطلاقها وحتى الآن، أستطيع أن أسجل بأن الانتفاضة المجيدة الأولى والثانية، مثلتا أعلى مرحلة في هذه المسيرة". وهو يعني بهذا

التسجيل أن الثورة الفلسطينية قد بلغت نضجها بقيام الانتفاضة حيث برزت إلى الواجهة صورة الأطفال الذين أربكوا صفوف الأعداء بحجارتهم الغاضبة، هؤلاء الأبطال الذين خرجوا من رحم الآلام والأحزان ليثبتوا للعالم أن الدماء التي تجري في عروقهم لن تستحيل مياهاً، بل إنها ترسم بطهارتها وصفائها، شرفَ الكرامةِ والأملَ الواعدَ للوطن..

أما عن النزاع القائم اليوم على الساحة الفلسطينية والتجاذبات السياسية بين فتح وحماس، يقول: "إن واقع الأمر يهدّد بمخاطر تحوّل هذه التجاذبات إلى اشتباكات واسعة لن تصب إلا في خدمة "إسرائيل" ومصالحها، وليس هناك من مخرج إلا بالعودة إلى برنامج منظمة التحرير، أي إلى الثوابت الوطنية التي يمكن أن تتوافق على أساسها كل فصائل العمل الوطني الفلسطيني".

ففي انتظار استكمال المشروع القومي لمواجهة الكيان الصهيوني، الغاصب للأرض والحقوق الوطنية، يرحل المناضل الدكتور جورج حبش في وقت يعاني فيه الفلسطينيون ألم الحصار والمقاطعة في غزة، كما تعاني القضية من تجاذبات مصيرية أملتها المزاجية الاسرائيلية المدعّمة من "الوصي الأميركي".

وبالرغم من غياب الجبهة الشعبية عن ساحة العمل الفلسطيني، لم يغب وجه القائد المناضل عن صورة الكفاح والصمود وكانت وصيته الأخيرة وهو على فراش الموت: استمرار الكفاح حتى تحقيق النصر وتحرير فلسطين..

***

يا علماً ينكسُ اليومَ
على قُبة الكنائس والمآذنْ..

يا صوتاً مسافراً
يستريحُ في القدس،
وفي صمت كل المدائنْ..

يا ثائراً تشهد الساحات له
صوْلاً وجَوْلاً!
بخطوة واثقٍ جبارْ..
يا مؤمناً بالحب يحيا آماله
ظفراً!
لا للانكسارْ..
ضُقتَ ذرعاً بالوعودِ
فتعاليت عن الوجودِ
مندداً بالرفض.. بالاستنكارْ.

إنه توق الروح
لبلوغ النشوة عالياً..
إنه الشوق للإنتصارْ..

❖

إلى فخامة الرئيس سليمان مع أطيب التمنيات !

فخامة العماد ميشال سليمان، رئيس الجمهورية اللبنانية

2008/6/5

صاحب الفخامة..

تحية وطنية صادقة نبثها إليكم عبر جريدتنا المتواضعة هذه، الصغيرة بحجمها.. الكبيرة بطموحاتها وتطلعاتها، والتي كانت السباقة في كشف الغطاء عن بريق الأمل الذي أحاط بالجمهورية يوم لمع نجمكم أبان القضاء على إرهابيي نهر البارد خلال صيف العام الماضي، حيث كتبت أكثر من مقال مؤكداً أنكم الشخصية اللبنانية المارونية الوحيدة التي تنطبق عليها مواصفات التوافق بالرغم من مخالفة الدستور ـ غير أن هذا التوافق (اللبناني المنشأ) الذي كثر الكلام عنه بين الموالاة والمعارضة هو الذي أوحى إلي بما كتبت ـ وخلصت إلى القول أنه بالتفاف سائر الأفرقاء حول

شخصكم الكريم فقط، يمكن أن يخرج لبنان من الأزمة السياسية الحادة التي طالت فصولها.
وكان ذلك تحديداً بتاريخ العشرين من شهر آب 2007 حيث جاء في سياق المقالة:
" .. وفي استعراض لما يدور في فلك الاستحقاق الرئاسي، يتصدر الأحداث البيان الذي صدر عن العماد ميشال سليمان مؤخراً حول الأوضاع العامة في البلاد إذ تضمن انتقاداً للسياسيين اللبنانيين عامة وللعقلية السائدة التي تتحكم بقراراتهم، كما تضمن البيان تأكيداً على مضي الجيش اللبناني في القتال "دفاعاً عن هوية لبنان ووجوده" وتنويهاً بدور سورية في مساعدتها للجيش في السابق معتبراً إياها دولة صديقة.."

وقد اعتبر المراقبون هذا البيان إفصاحاً عن رغبة ضمنية لقائد الجيش في تولي منصب الرئاسة الأولى خاصة وأن اسمه قد ورد مراراً وتكراراً على أنه يصلح لأن يكون رئيساً توافقياً إذا تعثر الاستحقاق بسبب عدم التوافق على شخص الرئيس بين فريقي الموالاة والمعارضة (حتى ولو اضطر الأمر إلى تعديل الدستور). والذي يزيد في هذا الاعتقاد هو تصلب المعارضة بمطلب حكومة الوحدة الوطنية قبل البحث بالرئيس العتيد وهو الأمر الذي لن تقبل به الأكثرية حتماً. ومعنى ذلك أن يكون الموقف أحد أمرين: إما عدم إجراء الاستحقاق في موعده وبالتالي جر البلاد إلى المجهول، وإما القبول برئيس يتوافق عليه الجميع من خارج فريق 14 آذار إنقاذاً لموقع الرئاسة وإعادته إلى الحظيرة المارونية. ويعزز هذا الاحتمال تصريح البطريرك صفير الذي قال: ليس هناك ما يمنع تعديل الدستور إذا قضت بذلك المصلحة العامة. كما جاء بتصريح مماثل للعماد ميشال عون الذي أكد أن الدستور ليس منزلاً وتعديله أمر ضروري إذا كان يؤدي إلى إنقاذ لبنان..

وذكرتُ في سياق المقال بأنه ليس ثمة ما يشير إلى طرح "ميشال سليمان" في الوقت الراهن كرئيس توافقي، كما أنه ليس هناك من يوافق على اقتراح رئيس للجمهورية من المؤسسة العسكرية، لا بل يعتبر البعض أن المجيء برئيس عسكري هو تمديد للأزمة القائمة. ولكن إذا ما وصل الوضع المتردي إلى الطريق المسدود، لا شك وأنه سيقبل به الجميع: المعارضة لسببين، الأول لكون العماد سليمان من خارج سرب 14 آذار، والثاني لكونه لا ينصب العداء للنظام السوري. أما قبول الموالاة فهو حتمي ولسبب واحد فقط، كون ميشال سليمان، إذا ما وافق على التسوية، سيتحول إلى الرمز القادر على إنقاذ الكرسي الأول في الدولة وإعادة الامتياز الماروني إلى الاعتبار .."

وهكذا صحت توقعاتي المتواضعة وتوافق جميع اللبنانيين - ومن ورائهم سائر الدول الاقليمية والغربية المعنية بالشأن اللبناني - على أن تتسلموا سدة الرئاسة الأولى وتمسكوا بزمام الأمور في ورشة معقدة قد لا يكفيها عهد واحد لإتمام الاصلاحات اللازمة.
وإذ يشرفني أن أخاطبكم من على هذا المنبر الحر، آمل أن أوفق في نقل رسالتي التي يشاركني فيها الآلاف من اللبنانيين المنتشرين في العالم، التواقين إلى العودة والمتطلعين إلى الخلاص من تداعيات المرحلة السابقة التي شردت أهل لبنان في أصقاع الأرض بحثاً عن ملاذ يقيهم رائحة الموت والبارود.. علها تجد كلماتي طريقاً إليكم في زحمة المطالب والخطابات المتعددة التي تردكم في هذه الأيام..

صاحب الفخامة
ما حصل في لبنان في الآونة الأخيرة كاد يؤدي إلى الفتنة الطائفية التي يحرص كل فريق على التحذير منها رغم استخدامه اللغة التي تؤدي إليها. والمؤسف أن الكل يراهن في تحركاته وتهديداته على

عنصر الشباب.. هذا الشباب الذي نريده سيداً "غالباً" من أجل لبنان، صالحاً في مواطنته، علمانياً في إدارة شؤونه وضارباً لعقم التخلف والعصبيات الطائفية فيه، فإذا به أداة طيعة بيد المتخلفين المضللين، العاملين على إلغاء الوطن لإشباع غرائزهم القبلية والطائفية..

إن التصريحات التي نسمعها على لسان المسؤولين في لبنان أو "المسؤولين عنهم" من الخارج، المعنيين بالمبادرات والتسويات بين الأفرقاء "المتخاصمين"، تبدو وكأنها تكرر نفسها في كل مرة تتفاقم فيها الأزمة السياسية بين "الرموز" أو "الفصائل" الأساسية اللاعبة على المسرح السياسي اللبناني. وإنني أذكر تماماً، منذ فجر الاستقلال في الأربعينات من القرن الماضي وحتى أيامنا هذه، كيف كانت ولا تزال تتدخل الدول الشقيقة والصديقة بين أهل السياسة في لبنان لتعيد التوازن إلى نصابه عند كل حدث يعكر صفو الأمن أو كلما اهتز الوضع الداخلي بسبب القرارات الخاطئة والسلبيات التي كانت تصدر من هنا أو هناك وكيف كانت تتم التسويات، بعد أخذ ورد ومماطلة وتسويف حتى إذا ما هدأت الخواطر ومرّ بعض الوقت، عاد التشنج إلى الرؤوس والخطاب السياسي إلى التصعيد، انتقاداً واتهاماً وتهديداً وتخويناً، لينذر بأزمة جديدة تلوح في الأفق. وهكذا تعاد الكرة في كل مرة.. ومثال ذلك التسوية التي تمت في العام 1958 على أثر خروج لبنان من الأحداث الأهلية الدامية وتسوية العام 1990 على أثر وقف الحرب الطائفية التي دامت خمس عشرة سنة وكان بنتيجتها "إتفاق الطائف". وها نحن اليوم أمام تسوية "الدوحة" التي لا تختلف عن سابقتيها حيث الأميركي هو عرّاب التسوية والشعار هو ذاته "لا غالب ولا مغلوب"..

والملاحظ منذ الاستقلال حتى أيامنا هذه، أن التسويات التي كانت تتم بين الأفرقاء كلما استعصت الأزمة، لم تكن لتصمد كثيراً لأسباب عدة أهمها:

أولاً: ـ تناول التسوية لقشور الأزمة دون العمق والجذور ـ وكان يتم ذلك بموافقة أطراف النزاع الذين يرضون ظاهراً بشعار "لا غالب ولا مغلوب" وفي قرارة ذاتهم أنهم غالبون، فيراهنون على عامل الوقت في قبول التسوية، علهم يحققون غايتهم أو مطلبهم لاحقاً عندما تسمح الظروف بذلك. ومثل هذه التسويات سرعان ما تسقط لأنها لا تؤسس لأرضية وفاق وطني صلبة قابلة للحياة.

ثانياً: ـ مرافقة التسوية للإرادة الأجنبية التي تسعى إلى التوفيق بين المتنازعين ـ وغالباً ما تتجه هذه الإرادة إلى استخدام الاتفاقيات الهشة لكي يبقى الزمام بيدها، فيسهل عليها تفريق الصف متى دعت الحاجة إلى ذلك.

ثالثاً: ـ اصطفاف سائر الأفرقاء خلف طوائفهم ومذاهبهم بما تمليه "العادات والتقاليد"، وتماديهم بفقدان أعصابهم واستخدام أساليب المهاترة والتهديد والاحتقان الطائفي إلى حد يصعب معه الرجوع إلى الصواب.

فبالرغم من اعتماد شعار "لا غالب ولا مغلوب" في كل تسوية تمت في لبنان، إلا أنه لم يقتنع أحد به يوماً ليجعل منه قيمة اجتماعية محفزة لبناء الوطن ومؤسساته أو شعاراً محسوساً لصون الوحدة الوطنية بوجه التحديات الخارجية. وعلى العكس، فإن الاستهتار والسطحية في معالجة الأمور الصغيرة والكبيرة، واستخدام الشعارات البراقة التي تستخف بعقول المواطنين وتثير فيهم النزعات الطائفية والمذهبية، هي من الأفعال التي تجعل الوطن عرضةً للاهتزاز في كل مناسبة وتجعل المواطنين أدواتٍ في أيدي أمراء الطوائف..

فمن أجل الوقوف بوجه الفتنة التي باتت تشكل القنبلة الموقوتة القادرة على إلغاء الوطن، نأمل فخامة الرئيس أن تعملوا على تعطيل الانفجار وإعادة الأمن والطمأنينة إلى نفوس المواطنين..

صاحب الفخامة..
اضربه حديداً حامياً اليوم ـ والكل سكران بنشوة الانتصار ـ قبل أن تهدأ "النشوة" وتصعب معها المهمة..

محمود درويش يعلن في رحيله
ثورة حتى النصر..!

غيب الموت المناضل والشاعر محمود درويش في 9 آب 2008 عن عمر 67 عاماً على أثر عملية جراحية في القلب أجريت له في هيوستن ـ تكساس في الولايات المتحدة الأميركية. والمعروف عن درويش أنه هزم الموت مراراً في صراعه الطويل مع المرض قبل أن يتمكن منه الموت في الجولة الأخيرة.

2008/08/15

قالوا استقال من جموعنا
قالوا هجر..
قالوا أدار الظهر للموت،
قالوا انتصر..

تلك هي شيم العارفين المؤمنين
إذ يرجعون..
لا خوف عليهم من عذابات الآخرة،
ولا هم يحزنون..

أُرضِعَ محمود درويش من ثدي القهر
مرارة النكبة وآلامَها..
واجتاز سنيَّ حياته حالماً..
يداعبه الشوق إلى لعبة
تُهدى إليه
ليشعرَ بفرح الأطفال..
ليتعلم..
كيف تكسِر الأطفالُ ألعابَها
وتبكي طالبة غيرها..

ويشكو أباه متحسراً على طفولته:
"هم طردوني من الحقل
هم سمّموا عنبي يا أبـي
وهم حطموا لعبي يا أبي".

لقد هاله حالُ شعبٍ في خضوعه
يركع للجلاد.
شعب يطارد أبطاله الثائرين،
شعب يلاحق أطفاله

المنتفضين..
شعب يواجه القهر تقهقراً
ويشد إلى الوراء.
شعب يهادن الهزيمة انهزاماً
ويرضى بالانحناء..
شعبٌ يلاحق شعبَه
ويكسُرُ الميزان..
فلا العادات من عاداتنا
ولا الخنوع من طباعنا
حريتي قبل حياتي
وسأمضي قبل افتضاح أمرنا
لا.. ليس هذا شعبنا..!!
علني أخطأت في العنوان..

وأسمع شاعرنا يقول:
"حرّ أنا قرب حريتي،
وغدي في يدي.
سوف أَدخُلُ عمَّا قليلٍ حياتي،
وأولَدُ حُرّاً بلا أَبَوَيْن.."

ودخل حياته بلا أبوين وبدون استئذان..
إلى حيث النور،
إلى حيث الأمان..
لا خوف من دمع أمٍ يُخْجله

ولا خوف من حنان أبٍ يُخْرِجه
كالجذوة المتوقدة بلهيبها..
كالشمس المشرقة بنورها..
يعرفه الشجر
وتعرفه كل أغاني المطر.
ولأول مرة يعبر كل الحواجز
بدون جواز سفر.
لقد احتلَّ قلوبَ الناس،
وأسْقط عنه جواز السفر..

رحل محمود درويش..
ومضى إلى حيث الانتظار،
إلى حيث في رحابه،
يقطن الأحرار..
لقد سئِم الكفرَ الذي يمارَسُ
في وضح النهار
وضاق ذرعاً بشعارات جرت الويل
والدمار..

أي زمن هذا..
الذي يتحدث فيه جبان عن الفداء..
أي زمن هذا..
الذي يتحدث فيه عليل عن الدواء،
وتحاضر فيه عن سلوك العفةِ قحباء..

أي زمن هذا..
الذي يُصنّفُ الارتماء بأحضان العدو
انفتاحاً،
ومقاومة الاغتصاب
إرهاباً..؟
إنه زمن التراجع والانكفاء،
إنه زمن الخيبة والاستياء،
إنه نذير الانهزام.. والانهزام..
ثم الانهزام..!

رحل محمود درويش
ومضى إلى حيث تنعدم السدودُ
والحواجز..
لقد انسحب عن "عيون ريتا"
وكل العاشقين..
يحمل في قلبه المتعب
هم الغاضبين
ليعلن ذاتـه..
ليعلن قيامته..!
لقد اشتاق لأحلامه
أن تحلق
في فضاء من السلام،
وفي سماء لا يعكر صفوهَا
حبل الغمام..

رحل محمود درويش ليعبر
جسر المخاطر
وليعلن بثباته ثورة ظافــر
لا شيء يروي عناده
لقد طال انتظاره خلف الستائر..

زينة دكّاش: جنون حتى الإبداع..!

2009/3/4

أمضى مجدي خمسة عشر عاماً منتظرا تنفيذ حكم الاعدام به، وقضى كل هذه الفترة يعد الساعات والأيام في زنزانة سجنه المكتظة التي لا يدخلها الهواء النقي بانتظام. والسجن الذي كان من المُفترض أن يشهد نهاية حياة مجدي، يبدو مسيَّجاً بأميال من الأسلاك الشائكة ومحاطاً بنقاط التفتيش، وهو يجثم على قمة جبل يطل على البحر الأبيض المتوسط.

إنه سجن رومية، أكبر سجون لبنان، وهو يخضع لإجراءات أمنية مشددة للغاية، واشتهر بأعمال الشغب الدموية وبأوضاعه المريعة

التي يعيش السجناء في ظلها، ناهيك عن كونه يضم بعض كبار المجرمين وأخطرهم في البلاد.
يقول مجدي إنه واظب على مر السنوات الماضية على كتابة عدد لا يُحصى من الرسائل إلى السلطات المعنية، متوسلا إليها أن تراجع قضيته، إلا أنه لم يتلق أي رد منها. وفي مساء أحد أيام شهر شباط من العام 2009 الحالي، لاحت أمام مجدي فجأة فرصة ليلتقي فيها وجها لوجه مع بعض المسؤولين في البلاد ليروي قصته أمامهم. ويقول: "كنت منفعلاً ومتوتراً للغاية. ولكم أن تتخيلوا الأمر، فقد كان الجميع هنا: النائب العام ووزير الداخلية وكبار الجنرالات والضباط."
كان مجدي وزملاؤه من نزلاء السجن يقفون على المنصة، بينما جلس المسؤولون بالمقابل على المقاعد المخصصة لضيوف الشرف، خلال العرض الافتتاحي لمسرحية "12 لبنانياً غاضباً"، وهو العمل المسرحي الأوّل من نوعه في العالم العربي. وعلى مدى ساعتين من الزمن، أصغى المسؤولون إلى نزلاء السجن وهم يشككون بالنظام القضائي في البلاد، ويتحدثون عن الأوضاع في السجن ويقصُّون على الحضور حكاياتهم الشخصية من خلال تكييفها وملاءمتها مع قصة المسرحية.
والمسرحية مقتبسة عن رواية الكاتب الأمريكي ريدجينالد روز "12 رجلا غاضبا" والتي تدور أحداثها حول طفل متهم بارتكاب جريمة قتل، فتجتمع هيئة محلفين مكوَّنة من 12 رجلا لكي تقرر مصير الولد القاتل. ويستذكر السجناء كيف أنَّ أداء المسرحية لم يكن سوى إسقاطاً انفعالياً وتفاعلاً فكرياً لما يعيشه السجناء في داخلهم وفي حياتهم داخل السجن.

أمَّا بالنسبة لمخرجة المسرحية الممثلة المعروفة زينة دكاش، فقد كان الأمر بمثابة النصر الحقيقي أن تصل بمشروعها إلى هذه

المرحلة. تقول زينة: "المشكلة أنه لم ينظر أحد إلى العمل بعين الجدية ولم يكن هناك من يؤمن بصوابية الفكرة أو المشروع. بل على العكس، كان الكل يعتقد أنني مجنونة". والسجون اللبنانية مغلقة أمام العامة والاعلام، وكان عرض زينة على السلطات بتقديم "العلاج بالدراما" قد رُفض مرتين في السابق. لكنها تمكنت مؤخراً من تأمين التمويل اللازم لمسرحيتها من الاتحاد الأوروبي، كما نجحت بالحصول على حق الدخول إلى السجن واستخدام منشآته لاجراء التحضيرات والتدريبات.

فقد وافقت سلطات السجن على تحويل غرفة، كانت تستخدم في السابق كغرفة للصلاة، إلى مسرح يصعد عليه الممثلون ويرتجلون أدوارهم. وفور الموافقة، بدأ مئتان من نزلاء السجن، ممن تقدموا بطلبات للعب دور في العمل المسرحي، بدأوا بحضور جلسات "العلاج بالدراما" مع زينة. وبعد مرور بضعة أسابيع تقلص العدد إلى خمسة وأربعين نزيلا فقط، ومعهم بدأ العمل على المسرحية الفعلية.

تقول زينة: "لقد اخترت رواية " 12 رجلا غاضبا" لأنها مسرحية كاملة لوضع كهذا، فهي تعطي النزلاء فرصة لإسقاط الأدوار على واقعهم الشخصي، ولكي يكونوا هم هيئة المحلفين، وهذا بحد ذاته يعتبر علاجا".
وقد كانت المجموعة متنوعة، فجرائم النزلاء تتراوح بين تعاطي المخدرات والاتجار بها والاغتصاب والقتل. كما تتراوح الأحكام بين عدة سنوات إلى المؤبد والاعدام. الكل يقول إن المشروع قد غيَّر حياته بطريقة أو بأخرى، وأن السجناء يستخدمون المسرحية للدعوة من خلالها إلى إصلاح نظام السجون في لبنان. فبعد العرض الأولي لمسرحية "12 لبنانياً غاضباً"، بدا المسؤولون متأثرين بشكل

واضح بقصة مجدي، فذهبوا والتقوه وراء الكواليس وتحدثوا إليه شخصيا، ويقول أنهم وعدوه خيراً بالنظر إلى قضيته.
كل من كان يسمع بالتحضيرات لهذه المسرحية، قال عن زينة دكاش إنها مجنونة.. إلى أين سيمضي بها هذا الاصرار والعناد..؟ ونحن بدورنا نقول اليوم، بعد أن أصبح مسرحها حقيقة واقعة: إن مناخ الحرية الذي تتنفس منه زينة، حتى في أجواء "سجن رومية" حيث تخمد فيه الأنفاس، كذلك تصميمها الشجاع على اختراق كل حواجز التخلف البالية التي تعيق ارتقاءنا وتقدمنا، هما بعض الملامح لصورة لبنان العظيم..

تحية إلى جميع من ساهم في تقديم هذا العمل، وتحية خاصة إلى زينة دكاش التي استمرت في عنادها وجنونها حتى الإبداع..!

تحية إلى سامي الجميل..!

2009/9/30

تحية إلى النائب الشاب سامي الجميل الذي كان بين أهله في تورنتو خلال عطلة نهاية الأسبوع..

تحية والف تحية إلى المرحلة التي يمثلها النائب الجميل من عمر لبنان. لقد نطق بما استعصى على كثيرين من أهل السياسة وبما لم ولن يفهمه كثيرون..

لقد رفع غطاء التقليد السياسي المعمول به منذ أجيال، ليؤكد لجميع اللبنانيين والعالم، أن مرحلة جديدة ستبدأ على أنقاض مراحل القهر والقمع والاذلال التي طاولت القيم وبعثرت جهود العاملين من أجل وحدة لبنان. وكان لا بد من أن يتولد من بين ركام الأنقاض والشقاء أملٌ، لينعش قلوب الحائرين المتطلعين إلى إشراقة واعدة في فجر يوم طال انتظاره.

هذا ما ترمي إليه كلمة سامي الجميل التي وجهها إلى شباب الجالية المغتربين عندما قال: " ليس المهم أن نكون في 8 آذار أو في 14 آذار أو أن نكون قواتا أو كتائبيين أو عونيين، إنما المهم ان نكون موحدين ومتكاتفين كي نعطيكم الأمل بالعودة وسنواصل العمل على المصالحة مع جميع الأفرقاء حتى نعيدكم الى لبنان..!"
لقد عرف سامي (الشاب) ماذا يؤثر في الشباب ويثير فيهم الحماس. فأعطاهم ما يسرهم سماعه وما ينعش فيهم الرجاء لغد يريدونه آمناً بانتظار قيامة الوطن الجديدة، هذا الوطن الذي كان على امتداد عقود من الزمن حقلاً لتجارب الإبادة والقتل والخداع.
لقد مل شباب لبنان سماع الخطب الخشبية والبهورات "العنترية" التي لا توصل إلا إلى الخراب والدمار والطريق المسدود..

لقد ضاق الشباب ذرعاً بوعود "الديمقراطية" القاصرة التي يطلقها بوجههم تجار السياسة والطوائف والمذهبية.
لقد تجاوز شباب لبنان ما يروى عن الاستقلال "المزيف" والحرية "المقيدة" والسيادة "المغتصبة"، وما عاد يشده التطلع إلى الوراء لأنه صمم المضي إلى الأمام، إلى حيث المستقبل ينتظر بتحدياته الكبيرة، إلى حيث الإرادة والعزم والانتصار..
ويتوجه الجميل إلى الشباب محذراً من الوقوع في أفخاخ الوعود مجدداً فيقول: "إن لبنان خذلكم في المرحلة السابقة، لكننا نتعهد اليكم اليوم أننا نقوم بكل ما يتوجب علينا كي تعودوا اليه. ونحن منكبون

على اتمام المصالحة مع الجميع وعلى تحقيق السلام وعلى بناء دولة حضارية ومتطورة ."

لقد عانى لبنان ما عاناه خلال السنوات الخمس الماضية من تجاذبات بعض السياسيين وتصرفات البعض الآخر وطفح الكيل من ممارسات لم يألفها المواطن اللبناني من ذي قبل والأمثلة على ذلك كثيرة وفي طليعتها تعطيل المرافق الدستورية في البلاد بدون مسوغ قانوني كرئاسة الجمهورية ومجلس الوزراء ومجلس النواب. ولن نذكر غيرها من الممارسات الشاذة حتى لا يظنن أحد أننا نريد التشهير بالفاعلين (وكأننا نرفع الرماد عن النار). فليرجع كل منا إلى ذاته وذاكرته ولا بد أنه سيبلغ منها إدراكاً ومعرفة..

وبانتظار إتمام المصالحات بين الجميع وتحقيق السلم الأهلي بين أبناء الوطن الواحد على أسس العدل والمساواة (وإلا لن يكون هناك سلام)، نتضرع إلى الله ألا يخذل شباب لبنان، هذا العنصر الحيوي الذي يشكل جسر العبور إلى المستقبل. فقد تكون هذه المحاولة هي الأخيرة من نوعها ولا بأس من التعلق بأذيالها لأن شباب لبنان يتطلعون في النهاية إلى دولة حضارية متطورة.

علّ سامي الجميل، بحديث البارحة، كان المبشر بالخلاص.. فتحية له وألف تحية إلى شباب لبنان..!

أشعل الحرف..!

شعر: ذوقان عبد الصّمد

تورنتو في 7 /11/ 2009

إلى الأديب والصحافي الأستاذ خالد حميدان صاحب جريدة "الجالية" لمناسبة صدور كتابه "الأبله الحكيم" في طبعته الثانية..

أشعل الحرف أبلهٌ، وحكيمُ
في تجلّيه.. غائبٌ، ومقيمُ..

حرتُ في حطِّهِ العجيبَ المرجّى
لست أدري.. أجاهلٌ أم عليمُ.

يرصدُ الغيب تائهاً في دروبٍ
ما اعترتْها حواجزٌ، وتخومُ.

خالـدٌ أنتَ من درَى كيف يحيا
مستريبٌ، من الوجودِ، ظليـمُ !!

قلتَ في شكِّه.. توافدَ صبحٌ
مشرقٌ يزدهي، وليلٌ قتيــمُ..

من غموضٍ يُري البداهة مهما
أثقلَ الفكرَ مبهمٌ، ومَغيمُ

مرهفُ الحبكِ، في يديَّ كتابٌ
هادرٌ بين دفَّتيهِ الوجومُ !!

قال فيه نعيمةٌ.. فاغتنمْها
من عظيمٍ يجيئك التقييمُ !!

ريشةٌ خطتِ البها في ذهولٍ
عبقريٍ، في اللامكانِ تهيمُ

مذ بكاها الزمانُ يومَ استظلَّت
وردةَ الحب في السطورِ الهمومُ

تستعيدُ الحروفُ من روحه الخلقَ
ويخبو.. المقدَّرُ المحتومُ !!

خالـدُ، تنتقي ورودَك لما
المدّعي، أدمى راحتيه الهشيمُ..

هزَّ تلك النفوسَ في غيهبِ الوهمِ
كفى ما.. أذلَّه التنويمُ !!

يتصبّاك فوق نثرٍ جميلٍ
لؤلؤٌ باهرُ الجمالِ، نظيمُ..

ما أهمَّ الحروفُ توغلُ في الكونِ
ليُسقى بها الزّمانُ السَّقيمُ !!

قد تلين الصخورُ فوق المراقي
إن تناهى على الصخور النَّسيمُ..

حاملاً من زنابقِ السَّفحِ عطراً
نمنمتهُ على الكؤوس الكرومُ !!

إنني ألتقيكَ فوق الترجيّ
زاهداً لا يغرُّك التّعظيمُ..

خالـدُ أنتَ، لم أقلْ ما يوفيّ
بعضُ حبي لمثلِك التكريمُ..

❖

خالد حميدان في "الوصايا العشر"
مغترب يسكنه الوطن بآلامه وأفراحه

بقلم الشاعر نزار سيف الدين
جريدة "اللواء" اللبنانية

4 كانون الأول 2009

الكتاب حملته اليّ صديقة غالية وعزيزة، وما أن فتحت حقيبتها لتخرجه حتى حذرت بأنه قادم من بلاد البرد والصقيع، وهتفت بأعلى صوتي انه من خالد !! فأوأمت موافقة ومبتسمة.. ولأنه من تلك البلاد جرى تغليفه، علّه يحظى ببعض دفء يفتقده البشر والحجر في تلك القارة النائية بمساحتها والتي تتكئ على القطب

الشمالي.. ولهذه الأسباب مجتمعة تصورت أنني خسرت الإهداء الراقي المعروف عن الأديب والصحافي خالد حميدان، ولكن الصديقة أخرجت ورقة صغيرة وقرأت الإهداء الذي حاول الصديق أن يبلغه إليّ ولكنه لم يستطع بسبب وجودي في المستشفى وربما في غرفة العمليات..

المهم ان الآلام المبرحة منعتني لفترة من قراءة آخر إبداعات الأديب المغترب أو المهاجر إلى كندا منذ سنوات طويلة.. الأديب الذي يسكنه الوطن بآلامه وأفراحه وأحزانه وأتراحه، بتناقضاته وصراعاته الأزلية، ولكنه راسخٌ وباقٍ في خلاياه وفي الدم والنسغ، لذا ما أن يصْدِرَ مولوداً جديداً حتى يسارع إلى ارساله إلى بلاد الشمس عله يستمد من الدفء الذي سيلاقيه هنا، بعض ما يفتقده هناك..!!

خالد حميدان الذي صال وجال في دنيا الأدب بتنوعاتها وتدفق ينابيعها ما بين الرواية والمقالات السياسية والخواطر والذكريات، إلى جانب عمله الصحفي كناشر ورئيس تحرير مجلتي: الجالية وأضواء اللتين تصدران في تورنتو، إلى جانب اصداره عدة مطبوعات أبرزها مجلة الصفاء والمستقبل.. هذا الرجل كتلة من الحيوية والنشاط، فهو إلى جانب كل هذا عضو ورئيس لعدة جمعيات تهتم بالمهاجرين اللبنانيين في كندا، أبرزها رئاسته لمركز التراث العربي وللمهرجان الكندي المتعدد الثقافات. لذا لم يفاجئني في عنوان كتابه الجديد "الوصايا العشر" ولكن حين قرأت، تذكرت أن ضياء عمره قد تجاوز الثامنة عشر.. وصار عنده الآن سند ورجل ولكنه في عمر الزهور وهو بحاجة إلى نصائح الكبار وحكمتهم وعمق تجاربهم حتى يخط طريقه بين أزهار الحياة وأشواكها، فجاء هذا الكتاب النفيس الذي أهداه إلى ولديه ضياء وديالا وكل شباب

جيلهما كمنارة تهدي السفن الجامحة.. وقد جاءت هذه الوصايا إلى جانب خواطر ومواقف ووجهات نظر وذكريات مع رجال كبار تركوا بصماتهم على مسرح حياته. كما تضمن الكتاب عدّة مواقف وطنية تؤيد مقاومة العدو الإسرائيلي، ويلفتنا في كل المقالات والنصوص المنشورة تمرد الرجل ونزقه وتحفزه الدائم في مقارعة أهداف العدو الصهيوني في بلادنا وكشف نواياه الخبيثة، التي تتجاوز جنوبنا نحو كل الأرض العربية وكأنه ينبّه ويحذر من استباحة الحصون والقلاع التي لم تزل تقف في وجه مشاريعه.. كما يلفتنا الكم الهائل من الحب الذي يكنه لبعض الأهل والأصدقاء الذين تركوا بصمات على مسيرته النضالية والفكرية، في بلاد الاغتراب وفي وطنه قبل اتخاذه قرار الرحيل.. وفي أجواء الكتاب نقتطع جزءاً من "مرة ثانية.. قانا عنوان لمجزرة" حيث قال: "ليست هي المرة الأولى التي تدق فيها أجراس قانا حزناً على أطفالها.. وليست هي المرة الأولى التي تدفع فيها قانا دماء زكية، دماء أطفال كانوا يحلمون بغدٍ واعدٍ يُعزز فيه شرفُ الانتماء إلى قانا.. وكأن في كل هجمة بربرية على لبنان، تنبري قانا وأطفالها، ليشكلوا الدرع الواقي من أجل أن يسلم لبنان"..

المرشد العلامة فضل الله
في ذكرى الأربعين على رحيله..
نستحضره اليوم بما كان يؤمن ويبشّر!

خالد حميدان في زيارة العلامة فضل الله عام 2003 في بيروت

2010/9/29

العدل والمساواة بين الناس ممكنان لا بل ضروريان إذا كانا يتناولان الحقوق والواجبات المادية. إلا أنه من غير الممكن إطلاقاً إذا كان الأمر يتعلق بالمرتبة الصوفية والإشراق المعرفي اللذين تقاس بهما الروح الكامنة في الذات البشرية، وهنا يكمن الاختلاف بين البشر..

سماحة الشيخ محمد حسين فضل الله أو المرشد العلامة الذي غيبه القدر منذ أربعين يوماً، اتحد اسمه بالمرجعية الروحية، وكاد ينفرد بشخصية تعدت الحدود المعرفية العادية. فهو العالم المعلم والمفكر المرشد والمطالع المجتهد والحكيم المنفتح.

قضى المرشد العلامة عمراً حافلاً بالدراسات العلمية والاجتهادات الفقهية والإرشادات الاجتماعية، وكان مقصداً لكل طالب في الدين والفقه واللغة والسياسة والاجتماع وغيرها من دوائر المعارف.
سمي بالمرجع الروحي لأن رأيه كان نهائياً بالنسبة لمن يستمع إليه. فبالاضافة إلى عمق الفكر وسعة الاطلاع ودفء الصوت، كان صاحب وجه مضيء يوحي بالمحبة والثقة، وجه صبوح فيه من الجاذبية ما يشدك إلى أعلى ويربطك ربطاً وثيقاً بما يسمى خيط الأمل. ومن كانت هذه مزاياه، فهو يقترب من الأتقياء والأنبياء إذ ينعمون بفيض من الروحانية الراقية، وهذه ليست بشيء من حياة الانسان على الأرض الفانية..

في ربيع العام 2003، وفي أعقاب الحرب على العراق واحتلال الخليج العربي برمته من قبل الجيش الأميركي وحلفائه، خطر لي أن أقوم بزيارة سماحة الشيخ فضل الله للوقوف على رأيه بعد اجتياح العراق الذي أحدث زلزالاً انعكست آثاره على جميع المستويات السياسية والأمنية والاقتصادية المتصلة بقضايا المنطقة، وهو الذي كان له رأي معلن يقول: "في ضوء الأزمات التي تعصف بالأمة، ومنها الحرب الأميركية على العراق، لا بد من الاعتراف بأن لدينا مشكلة وإن كان البعض يرى غير ذلك.. أعتقد أن قيمة الأزمات أنها تستطيع أن تستنفر الواقع وتستفز الذين يفكرون بالتغيير.. وأن الانتصار على العدو يرتبط بقدر كبير بعملية إصلاح الذات ومواجهة عناصر التخلف والجهل الكامنة فينا.."

وكان لي ما أردت. فقد قام صديقنا الدكتور يوسف مروه بالاتصالات اللازمة مع أصدقاء له في بيروت لتسهيل المهمة والطلب إلى المعنيين بتحديد موعد لي قريب مع سماحته. فاستجابوا لطلبه وحدد الموعد بعد أسبوعين من تاريخه. فأعددت العدة للسفر وكنت سعيداً للغاية ذلك أنني سأعود من بيروت وفي جعبتي حديث مطول مع العلامة المرجع فضل الله سأخصص له صفحة كاملة في جريدة "المستقبل" التي كنت فيها آنذاك رئيساً للتحرير.

وقابلت صاحب السماحة في مكتبه حيث يضيق المكان بالزائرين المحتشدين في الصالونات والشرفات والحديقة وحتى في الشارع العام. وكنت قد استغربت وجود هذه الجموع من الناس وسألت المرافقين عن الخبر وعن سر هذه المظاهرة فأجابوا: "هذه هي الحالة كل يوم، طلبات ومراجعات واستفسارات." - فسألت بعفوية: وهل على السيد بالضرورة أن يهتم بجميع القضايا شخصياً؟ فأجاب أحدهم: "هذه إرادة سماحته، فهو يرغب في التحدث إلى أصحاب العلاقة مباشرة."

وباختصار، فقد أجريت معه حديثاً شيقاً. استغرقت المقابلة أكثر من ساعة مع العلم أن الوقت الذي كان مخصصاً لي هو عشر دقائق فقط. وقد ضج الحضور من طول الزيارة وأخذ المعاونون الذين يعملون في المكتب يدخلون ويخرجون ويهمسون في أذن السيد. وكان جوابه في كل مرة ابتسامة وهز بالرأس، إلى أن ضاق ذرعاً من مراجعاتهم فكان رده (بهدوء تام): "قولوا للأخوان بأن ضيفنا قادم من كندا ولا مجال للاختصار معه، فهل يرضى أحدهم بأن نقلل من واجبنا تجاه ضيفنا؟"

وبعد عودتي إلى كندا، فتحت جهاز التسجيل (وهو جهاز ديجيتال جديد لم أكن قد أستخدمته من قبل) فلم أجد فيه كلمة واحدة للسيد فضل الله أو لغيره. ففوجئت وعرفت أنني لم أحسن استخدامه

بالطريقة الصحيحة، وهكذا، وللأسف، أضعت كل ما اعتقدته مسجلاً من درر السيد أفكاراً وآراءً وتأملاتٍ..

في ذكرى الأربعين على غياب سماحة السيد فضل الله، نستحضره اليوم بما كان يؤمن ويبشّر: "الإيمان في مواجهة الإلحاد، والانسان المستضعف في مواجهة الانسان المستكبر، أي أن نلتقي جميعاً (إلى أي دين أو طائفة انتمينا) على أساس وحدة الله ووحدة الانسان، فلا يكون الانسان الموحد رباً للانسان، وهو ما يفعله المستكبرون.."

"كلمات بلا حواجز"

"كلمات بلا حواجز" هو عنوان كتاب صدر في شهر نيسان 2009 لمؤلفه خالد حميدان وقدم له السفير الدكتور كلوفيس مقصود بالكلمة التالية:

بقلم د. كلوفيس مقصود

"كلمات بلا حواجز"، عنوان كتاب يشمل مجموعة من افتتاحيات الصديق خالد حميدان ـ رئيس تحرير وناشر صحيفة "**الجالية**" في تورنتو ـ كندا. هذه الاسهامات، التي هي بمثابة تحليلات للأحداث في الوطن العربي منذ مستهل القرن الواحد والعشرين لغاية نهايات 2007، تشكل ذخيرة إعلامية تتسم بالتزام واضح وعمق في

التحليل وبتصميم في أن تكون الكلمة مسؤولة والنص بمجمله وسيلة إنارة وإثراء للمعرفة..

هذا التوصيف الذي يميز **"كلمات"** خالد حميدان كونها في حقيقتها **"بلا حواجز"** مما يعني أن تلقائية صياغتها نابعة من ثراء التجربة ـ مهنياً وعقائدياً ـ وعن سلامة الإحاطة بمسببات ودوافع ما يحدث، وبرغبة ملحة في أن تبقى خاضعة لمقتضيات الأمل رغم أنها تنطوي على عوامل التشاؤم والإحباط. وهذه الرغبة هي تعبير عن ثقة في استقامة الأمة رغم ما تعانيه من القمع والتهميش، وعن كون الاندثار الحاصل هو حالة مؤقتة.. من هذا المنطلق يكتشف القارىء كيف أن الالتزام القوي لدى المؤلف يجعله بمنأى عن الاستقالة رغم سوداوية الحالة الراهنة.

... والحالة الراهنة في مختلف أرجاء الوطن ـ أكان في فلسطين أو العراق أو لبنان أو غيرها ـ تحول دون مؤشر يوحي بالتفاؤل. إلا إن في "كلمات بلا حواجز" ما يدخلك إلى فضاء من الأمل كون خلاصة مضمونها أن الحواجز لن تثني الملتزم عن إرادة إخراج الأمة من "المصيدة" التي جعلت الأنظمة السائدة فيها تكاد أن تفقدها الحد الأدنى من المناعة. هذا ما يفسر "بلا حواجز": أي رفض أن تكون الحواجز القائمة معطلةً للإرادة القومية وحائلاً بوجه ارتقاء الأمة..

لعلّ ما هو لافت أن خالد حميدان عندما صمم على تأسيس جريدة باسم **"الجالية"**، أراد منها نقيضاً لمفهوم الاغتراب.. أو هكذا اعتقد، كون مضمون الثقافة السياسية التي تنطوي عليها "كلمات بلا حواجز" تشير إلى أن كلمة "الجالية" تنطوي على ديمومة التواصل بين الوطن الأم ووطن الانتماء والإقامة. وهذا المعنى له بنظري مدلولات هامة للغاية خاصة أن عاملي الاقامة والانتماء من شأنهما أن يؤديا في حال غياب أو نقص في عملية التواصل إلى دفع شرعية الاقامة والانتماء ذوباناً وانصهاراً ـ وهذا لا يعني بأي حال أنه يجب

ألا يُعزز الانتماء إلى بلد الاقامة. لا بل على العكس تماماً، فتمكين الانتماء يؤول إلى توسيع آفاق المشاركة والاستفادة، خاصة بالنسبة للأجيال الجديدة. لذلك كان لتسمية الصحيفة أن أعطت الجالية رسالة تجسير ومن ثم قيام ثنائية واعدة للمواطنة بحيث يصبح التواصل تمكيناً لمزيد من التفاهم وتعزيزاً للعلاقة دون أي انتقاص من تجذر الهوية القومية وما تمليه هذه الأخيرة من دفء الاحتضان وضرورة المساندة..

لا أدري إذا كان الصديق الأستاذ خالد حميدان كان يهدف بتسمية صحيفته بـ"الجالية" إلى هذا الدور المطلوب أو أن معرفته لشروط التواصل جعلته واعياً بأن الجالية في كندا ليست "مغتربة" وإن كانت بعض شرائحها تبدو كذلك.. فما يتضمنه كتاب "كلمات بلا حواجز" هو إصرار على استرجاعها إلى الجالية بمعنى كونها آلية التواصل..

أعتقد جازماً أن الجالية العربية إجمالاً في مختلف أرجاء العالم مطالبة في أن تبلور مشاريع واضحة تمكن الوطن الأم من الاستقواء في مواجهة التحديات المتكاثرة، وأن تساهم في تحديد أولويات مشاريع الاستقلال والتنمية ونزع فتيل النزاعات الداخلية الذي يؤثر سلباً على حياة الأمة ويجعلها عرضة لتصدعات إجتماعية وحقلاً للانتهاكات والتدخلات الأجنبية مما يؤدي إلى تعجيز العرب في توخي توحدهم ونهضة أوطانهم.. يستتبع ذلك أن على الجاليات العربية في مواقع الانتشار أن تكون خميرة لما يجب أن تكون عليه الأوطان الأم لا مرآة لما هو عليه معظمها من
تشرذم طائفي ومذهبي وتخلف تنموي وحرمان لممارسات حقوق الانسان.. وإن التواصل المطلوب يجب أن يكون مستداماً لا تعتريه تقطعات موسمية. ويستحضر هذا قيام مؤسسات للجالية العربية ـ كما هو حاصل في كندا ـ كذلك في سائر أنحاء العالم، وأن يتم فيما بينها تناسق جدي وملزم للجاليات من خلال تكامل أدوارها والتأكيد

على أن دورها في الوطن الأم هو نابع من حقها في المشاركة وأن هذا الدور هو تظهير لتداخل "مرغوب" لا كما يصفه الانعزاليون في الأمة على أنه "تدخل مرفوض". ولعل أول هدف للجاليات العربية في العالم أن تعمل على إلغاء وزارات "المغتربين" كون التواصل هو تعبير عن انغماس طوعي في معاناة وطموحات الشعوب المقيمة.

في ضوء "كلمات بلا حواجز" تحولت استساغتي إلى قراءة الأدب السياسي والالتزام بمشروع النهضة، وإلى ما أثبته خالد حميدان من قدرة على الدعوة كما على التقيد بكل الميزات القيادية التي رافقت مضامين ما احتوت عليها النصوص. وهذا ما دفعني إلى أن أتجاوز التعليق الكلاسيكي إلى "تحريض" الجالية ـ المنبر، كي تحرض بدورها الجالية العربية في كندا لتصبح طليعة التواصل خدمةً للوطن الأم ولوطن الانتماء والاقامة على حد سواء..

أما كيف..؟ فإن الرصيد الذي احتوته **"كلمات بلا حواجز"** والالتزام الذي أبداه **"خالد حميدان"** كفيلان بجعل تواصل الجالية في أداء رسالتها متوفراً..

الفهرس

الإهداء	7
المقدمة	9
الأبله الحكيم وميخائيل نعيمة..	13
حكاية الأبله.. جوزيف حنا	41
الأبله الحكيم.. مراد الخوري	45
مرحى بخالد..كمال أبو غانم	47
في الأبله الحكيم.. هدى مرعي	49
عبقرية العقل المفقود.. شوقي اليوسف حمادة	51
ماجدة عطار مراد.. من إذاعة لبنان	53
حكمة الحقيقة تنتصر.. أنطوانيت عازلر	55
خالد حميدان والأبله الحكيم.. شفيق يحي	57
ليس في جعبته سوى المحبة.. مجلة الخواطر	61
رحلة مع الأبله الحكيم.. تيريز عساف	63
ماذا أقول فيك يا حبيبي المسافر	67
ندوة مجلس الفكر	71
الوصايا العشر	77
نزار قباني: عشق الأحزان وانتفض ثورةً	83
يوسف مروّه.. الطموح الذي لا يهدأ	89
إلى مارسيل خليفة.. متهم أنت بالإرهاب	95
مأثرة العليّ	99

الفهرس (تابع)

إلى غبطة البطريرك صفير	103
حج مبرور وسعي مشكور	109
إلى سيادة المطران غريغوار حداد	113
هالة مقصود.. ثقل الهموم والتساؤلات	117
بيار حلو.. رجل المواقف	121
هل تتحول الجامعة العربية	125
الوفاق الوطني.. وصية الشيخ الجليل	129
جورج حاوي.. الرمز الذي غاب	133
عمر الغبرا يخرج منتصراً	137
كتاب مفتوح إلى الرئيس لحود	143
أو ليس الأنبياء من جنس البشر؟	147
مع كلوفيس مقصود.. ودردشة قبيل السفر	151
عبد الله قبرصي.. سيد الأمناء وآخر الصحابة	155
جورج حبش.. نضال من عمر النكبة	159
إلى فخامة الرئيس سليمان	165
محمود درويش يعلن في رحيله.. ثورة حتى النصر	171
زينة دكاش.. جنون حتى الإبداع	177
تحية إلى سامي الجميل	181
أشعل الحرف.. ذوقان عبد الصمد	185
مغترب يسكنه الوطن.. نزار سيف الدين	189
العلامة فضل الله.. نستحضره بما كان يؤمن ويبشّر	193
كلوفيس مقصود.. تقديم كتاب "كلمات بلا حواجز"	197

المؤلف: محطات إعلامية واجتماعية

النشاطات الإعلامية:

- مؤسس ورئيس المركز الاستشاري للإعلام
- ناشر ورئيس تحرير مجلة "أضواء"
- ناشر ورئيس تحرير جريدة "الجالية"

النشاطات الاجتماعية:

- عضو مركز الجالية العربية الكندية في تورنتو
- عضو مؤسس لجامعة اللبنانيين الكنديين
- عضو الاتحاد العالمي للمؤلفين باللغة العربية
- رئيس سابق لمجلس الصحافة الاثنية في كندا
- رئيس سابق لرابطة الإعلاميين العرب في كندا
- مؤسس ورئيس مركز التراث العربي في كندا
- مؤسس ورئيس المهرجان الكندي المتعدد الثقافات
- مؤسس ورئيس رابطة المؤلفين العرب في كندا

الجوائز التقديرية:

من قبل الجهات الرسمية والأهلية التالية:

- رئاسة الحكومة الكندية الفدرالية
- رئاسة حكومة أونتاريو
- بلدية تورنتو الكبرى
- مركز الجالية العربية في تورنتو
- مجلس الصحافة الإثنية في كندا
- الجمعية الدرزية الكندية في أونتاريو
- رابطة المسلمين التقدميين في كندا
- رابطة الأطباء العرب في شمال أميركا
- الإتحاد العالمي للمؤلفين باللغة العربية
- جمعية "عالم إنسان بلا حدود" - بيروت، لبنان

صدر للمؤلف

- كتاب "الأبله الحكيم"
الطبعة الأولى (1974) الطبعة الثانية (2009)
الطبعة الثالثة (2011)

- كتاب "أصداء وأضواء" (1978)

- كتاب "كلمات بلا حواجز"
الطبعة الأولى (2009) الطبعة الثانية (2011)

- كتاب "أوراق حائرة"
الطبعة الأولى (2009) الطبعة الثانية (2012)

- كتاب "بيت التوحيد بيت العرب" (2009)

- كتاب "الوصايا العشر"
الطبعة الأولى (2011) الطبعة الثانية (2013)

- كتاب "سقوط الجمهورية" (2013)

- كتاب "أقلام صادقة" (2014)

- كتاب "أقلام صادقة" (جزءان 2022)

- كتاب يوسف مروه -
"التبادل الثقافي بين الشرق والغرب" (2019)

- كتاب سعيد تقي الدين -
"الفكر الحاضر المغيّب" (2020)

- كتاب "إضاءات" (2021)

- كتاب "وجهة سير" (2022)